Ekkehard Spann

Übersetzungsübungen Englisch – Deutsch Sekundarstufe II

W0295102

MANZ VERLAG

2., korrigierte Auflage 1999
Manz Verlag

Lektorat: Harald Kotlarz, Ammerbuch
Herstellung: Karin Schmid, Baldham
Umschlaggestaltung: Zembsch' Werkstatt, München
Druck: Manz Druck GmbH, München
Bindung: Ludwig Auer GmbH, Donauwörth
Printed in Germany

ISBN 3-7863-2020-9

Inhaltsverzeichnis

Einleitung

Die Herübersetzung Englisch – Deutsch hat lange in den bundesdeutschen Lehrplänen, vor allem in denen der Unter- und Mittelstufe, ein Schattendasein geführt. Zum Teil tut sie es noch heute. Dies erscheint zunächst berechtigt, da der Fremdsprachenerwerb in den ersten Jahren Vorrang haben muss. Zum anderen schafft eine solche Zielsetzung aber denkbar schlechte Voraussetzungen, wenn ab Klasse 10 oder 11 die Herübersetzung als gleichberechtigte Leistungsüberprüfung herangezogen und sogar zentrale Bedeutung bei der Bewertung des schriftlichen Abiturs erlangt.

Somit befinden sich Lehrer wie Schüler am Ende der Mittelstufe in einem gewissen Dilemma, wenn es um die neue Form der Herübersetzung geht. Der Schüler versteht zwar grob die Aussage eines Satzes; wie er in einwandfreies Deutsch umzusetzen ist, ist ihm nicht immer geläufig, da dies in der Regel noch nicht eingeübt wurde. Hinzu kommt noch die weit verbreitete – irrige – Meinung vieler Schüler, dass die Herübersetzung „einfach" sei, „da ja sowieso jeder Deutsch kann". Bereits nach der ersten Klassenarbeit werden Sie womöglich anders denken. Sie werden mit Problemen der Wortbedeutung, der Wortstellung, der Satzkonstruktion und des Stils konfrontiert und erkennen, dass der Parallelität von Sprachen enge Grenzen gesetzt sind.

Einem früheren deutschen Bundespräsidenten wird die englische Übersetzung *Equal goes it loose!* für die Aufforderung „Gleich geht es los!" scherzhaft in den Mund gelegt. Man mag darüber schmunzeln, der Kern dieser Aussage zeigt aber, dass eine Wort-für-Wort-Übersetzung unmöglich ist. Gleiches gilt natürlich auch für die Übersetzung aus dem Englischen ins Deutsche.

Als Beispiel diene die folgende Übersetzung eines englischen Briefes, den ein englischer Sprachassistent unserer Schule zur Erheiterung der Schüler verfasst hat. Versuchen Sie zur Einstimmung daraus das englische Original zu rekonstruieren.

Seite 127 →

Lieber Gordon,
Wie bist du? An dem Moment ich bin ein bisschen unter dem Wetter, aber es wird nicht dauern lang. Auf der anderen Hand es könnte sein der andere Weg herum. Es würde sein nett zu sein gesund einmal in einem blauen Mond. Was ist das Wetter wie an deinem Platz? Hier es ist regnend Katzen und Hunde … Du denkst, dass ich bin wahrscheinlich Nüsse. Nein, ich bin nicht ziehend dein Bein … Ah, ich habe gerade gehabt aus dem Blauen eine Gehirnwelle … Liebe (Ian)

Was dieses Buch Ihnen bietet

Die vorliegende Lernhilfe will also eine *Einführung in die Problematik der Herübersetzung* und zugleich ein *Übungsbuch* für Schülerinnen und Schüler der *Klassen 11 bis 13* sein. In einer Vielzahl von Einzelschritten will der Band Ihnen zeigen, dass Sprachen nur begrenzt deckungsgleich, das heißt wörtlich übersetzbar sind, dass aber die Technik des Übersetzens trotz all der Grenzen, die ihr durch historische und psychologische Gegebenheiten gesetzt sind – auch in gewissem Maße erlernbar ist.

Teil 1 stellt die wichtigsten Regeln zusammen, die es bei der Anfertigung einer Übersetzung zu beachten gilt.

Teil 2 behandelt die wesentlichsten Unterschiede zwischen dem Englischen und dem Deutschen sowohl in Bezug auf *Wortbedeutungen (A)* wie auf *grammatikalische Strukturen (B)*. Jedes dieser Unterkapitel ist gegliedert in die Teile Darstellung des Übersetzungsproblems – Beispielsätze mit Lösung in Gegenüberstellung – Kommentierung der Lösungen mit Auflistung der deutschen Übersetzungsmöglichkeiten sowie weitere Übungssätze für das selbstständige Einüben und für die Überprüfung der eigenen Übersetzungsfähigkeit. Mit einem * versehene Übungssätze stellen eine größere Herausforderung dar. Sie sind für den fortgeschrittenen Übersetzer gedacht. Die Lösungen der Übungssätze finden sich im Anhang. Es wird dringend empfohlen, sich die mit ! gekennzeichneten Zusammenstellungen von Wörtern, Ausdrücken und Redewendungen gut einzuprägen. Sie sind bewusst so gedruckt, dass sie wie Vokabeln gelernt werden können.

Teil 3 führt über die Theorie in die Praxis. Anhand von jeweils drei ausgewählten neueren Grund- und Leistungskurstexten aus Baden-Württemberg und Bayern können die oben geübten Fertigkeiten angewendet werden. Bei der Auswahl wurde darauf geachtet, dass Texte aus möglichst unterschiedlichen Bereichen (Landeskunde, Technik, Psychologie, Wirtschaft) berücksichtigt wurden. Im Anhang finden sich ausführlich kommentierte Musterübersetzungen. Teil 3 schließt mit einer Beispielübersetzung zum literarischen Schwerpunktthema in Baden-Württemberg (ab 1997/98): G. B. Shaw *Pygmalion*.

Für die Hilfe bei der Erstellung und der muttersprachlichen Durchsicht des Manuskripts sei an dieser Stelle Jim Holme aus Newton Abbot (Devon), Corinna Spann (Universität Freiburg) und Roland Sacco (Bietigheim-Bissingen) herzlich gedankt.

Und nun wünschen Ihnen Autor und Verlag beim Studium des vorliegenden Bandes ein gutes Gelingen.

Abkürzungen

adv.	adverb
AE.	American English
Anm.	Anmerkung
cf.	siehe
eg.	zum Beispiel
Kap.	Kapitel
pej.	pejorativ, abwertend
Pl.	Plural
prov.	Sprichwort
sb.	somebody
Sg.	Singular
sth.	something
Var.	Variante

1 Hinweise zur Übersetzung

Vorarbeiten

Die Herübersetzung als Teil der kombinierten Textaufgabe stellt gewöhnlich einen gesonderten Text dar. Es gilt somit, sich vom Text des vorher bearbeiteten englischsprachigen Teils zu lösen und auf den neuen Sachverhalt einzustellen, die *Textvorlage* also *gründlich* als Ganzes zweimal *durchzulesen.*

Nach der Betrachtung des Textes als Einheit kann eine *Unterteilung in Abschnitte,* Gedankeneinheiten oder Sätze hilfreich sein. Dies erleichtert den Überblick über den Aufbau und die Gesamtaussage des Textes. Bei komplizierten Schachtelsätzen sollte man Sinnstriche in den Text einzeichnen, um so die Satzkonstruktion besser erschließen zu können.

Als nächster Schritt würde die Erstellung einer *Rohübersetzung* erfolgen, das heißt man sollte die Sätze in der gegebenen Reihenfolge übersetzen und Varianten in der Wortwahl notieren. Bei Schwierigkeiten könnte man zunächst eine Lücke lassen, um nicht zu viel Zeit in diesem Anfangsstadium zu vertun. Es ist durchaus denkbar, dass ein späterer Satz hilft, diese Lücke sprachlich oder gedanklich sozusagen von selbst zu schließen.

Wie sollte übersetzt werden?

Nach der bekannten Formel *„so nah wie möglich, so frei wie nötig"*. Was heißt das konkret in der Oberstufe? Bei der Übersetzung ist auf die genaue Wiedergabe des Textes sowie auf einwandfreies Deutsch zu achten. Dieser scheinbare Widerspruch heißt nichts anderes, als dass die Regel, möglichst nah am Text zu bleiben, nur solange gilt, wie sich ein flüssig zu lesender deutscher Text ohne holprige Stellen ergibt. In der Oberstufe wird von Ihnen ein gutes Sprachgefühl, also eine *Übersetzung in einwandfreiem Deutsch* erwartet. Sie werden bisweilen nicht umhin können, auf freiere Übersetzungen zurückzugreifen, die allerdings sinngemäß dem fremdsprachlichen Text entsprechen müssen. Eine besonders treffsichere und stilistisch gewandte Übersetzung einzelner Textpassagen kann bei der Korrektur zu einer besseren Bewertung führen. Diese freiere

Übersetzung entspricht ungefähr einer Paraphrase, manchmal sogar einer Interpretation der Textstelle. Nur durch viele Übersetzungsübungen wird man lernen, den feinen Unterschied zwischen einem sinngetreuen, jedoch stilistisch unbefriedigenden Ausdruck einerseits und einer allzu freien Übersetzung andererseits zu erkennen.

Der Text sollte *keine Lücken* mehr enthalten. Der Blick des Lehrers wird geradezu darauf gelenkt. Versuchen Sie aus dem Kontext heraus eine Bedeutung zu erschließen oder von anderen Fremdsprachen abzuleiten; die Chance, einen sinnentsprechenden Ausdruck zu finden, ist vielleicht gar nicht so gering.

Weiter ist darauf zu achten, dass *Fremdwörter* einzudeutschen sind, falls es entsprechende oder bessere Ausdrücke im Deutschen gibt. Manchen Übersetzungen sieht man es an, dass die Bedeutung des Fremdwortes nicht erkannt wurde und es deshalb unverändert ins Deutsche übertragen wurde. Allerdings sollten deutsche Entsprechungen nicht um jeden Preis vorgezogen werden. Vor allem bei Fachtexten ist der fremdsprachliche Ausdruck häufig treffender.

Achten Sie darauf, dass genügend Zeit zum *mehrmaligen Durchlesen des Textes* bleibt. Viele Übersetzungen scheitern an der richtigen *Zeiteinteilung.* Bei diesem letzten Schritt sollte auch danach gesehen werden, dass *keine Wörter* oder gar Sätze *ausgelassen werden.* Dies kommt leider immer wieder in der Praxis vor. Der Sinn eines jeden englischen Wortes muss in irgendeiner Form, also direkt oder indirekt im Deutschen wiedergegeben werden.

Ein letzter Blick sollte der *äußeren Darstellung* Ihrer Übersetzung gelten. Häufige Verstöße gegen die deutsche Rechtschreibung und Zeichensetzung können ebenso wie eine nicht annehmbare äußere Form zu Abzügen bei der Bewertung führen.

2 Unterschiede zwischen dem Englischen und dem Deutschen

A WORTSCHATZ

1 Das Fremdwort

Im Allgemeinen wird erwartet, dass Fremdwörter ersetzt werden, wenn es gleich gute Entsprechungen deutschen Ursprungs gibt. Gibt es keine treffende deutsche Übersetzung, können Fremdwörter beibehalten werden, insbesondere wenn es sich um Fachausdrücke handelt. Das gilt vor allem für sogenannte Internationalismen, d. h. Wörter lateinischen oder griechischen Ursprungs, die in vielen Sprachen verbreitet sind.

Beispiele deckungsgleicher Fremdwörter

englisch	deutsch	**englisch**	deutsch
colony	Kolonie	**industry**	Industrie
character	Charakter	**interest**	Interesse
concentration	Konzentration	**literature**	Literatur
civilisation	Zivilisation	**mechanical**	mechanisch
control	Kontrolle	**modern**	modern
culture	Kultur	**moral**	moralisch
democracy	Demokratie	**national**	national
dramatic	dramatisch	**negative**	negativ
elegant	elegant	**philosophy**	Philosophie
expressionism	Expressionismus	**politics**	Politik
fanatic	fanatisch	**positive**	positiv
function	Funktion	**practical**	praktisch
generation	Generation	**president**	Präsident
idea	Idee	**reform**	Reform
identity	Identität	**revolution**	Revolution
individualism	Individualismus	**socialism**	Sozialismus

englisch	deutsch	**englisch**	deutsch
system	System	**theory**	Theorie
theatre	Theater	**tourist**	Tourist
theme	Thema	**tragedy**	Tragödie

In vielen Fällen kann man aber statt der oft allzu bequemen Übernahme von Fremdwörtern deutsche Wortentsprechungen finden, welche mit dem Fremdwort – wenigstens weitgehend – übereinstimmen, wenn man sich nur des Wortinhalts genau bewusst ist. Prägen Sie sich die nachfolgende Zusammenstellung ein, um Stilabzüge zu vermeiden.

Fremdwortliste mit deutscher Bedeutung

englisch	deutsches Fremdwort	deutsche Entsprechung
to absorb	absorbieren	verschlucken, in Anspruch nehmen
absolute	absolut	völlig, uneingeschränkt
absurd	absurd	unsinnig, widersinnig, abwegig
accurate	akkurat	genau, pünktlich
to accentuate	akzentuieren	betonen, hervorheben
activity	Aktivität	Tätigkeit
to annex	annektieren	beifügen, einverleiben
aristocrat	Aristokrat	Adliger
to assimilate	assimilieren	aufnehmen, verschmelzen, angleichen
authority	Autorität	Ansehen
to authorize	autorisieren	ermächtigen, bevollmächtigen, genehmigen
basis	Basis	Grundlage
characteristic	charakteristisch	kenn-, bezeichnend
collision	Kollision	Zusammenstoß, -prall
complete	komplett	vollständig, vollkommen, umfassend, gesamt, ganz

englisch	deutsches Fremdwort	deutsche Entsprechung
conversation	Konversation	Unterhaltung
constitution	Konstitution	Verfassung
construction	Konstruktion	Bau, Gebäude, Bauart
continent	Kontinent	Festland, Erdteil
contrast	Kontrast	Gegensatz, auffallender Unterschied
convention	Konvention	Übereinkunft, Tagung, Versammlung, Brauch, Sitte
to copy	kopieren	nachmachen, -ahmen, abschreiben, -zeichnen
correspondent	Korrespondent	Berichterstatter (Zeitung), Briefpartner
decoration	Dekoration	Schmuck, Zierde
detail	Detail	Einzelheit, Kleinigkeit
differentiation	Differenzierung	Unterscheidung
distance	Distanz	Entfernung
dogma	Dogma	Lehr-, Glaubenssatz
dogmatic	dogmatisch	verstimmt, anmaßend, unumstößlich
dominant	dominant	vor-, beherrschend, hervorstechend
to dominate	dominieren	vor-, beherrschen
element	Element	Bestandteil, Bauteil
enormous	enorm	ungeheuer, sehr viel
essence	Essenz	Wesen
essential	essenziell	wesentlich, wichtig
evident	evident	offenkundig, einleuchtend
excellent	exzellent	ausgezeichnet
federal	föderal	Bundes-, bundesstaatlich
figure	Figur	Gestalt, Zahl

englisch	deutsches Fremdwort	deutsche Entsprechung
gentleman	Gentleman	vornehmer, gebildeter Herr, Ehrenmann
historic	historisch	denkwürdig, epochemachend
historical	historisch	geschichtlich
human	human	menschlich
humane	human	wohlwollend, menschenfreundlich
illusion	Illusion	Täuschung, Einbildung
illustration	Illustration	Erläuterung, Veranschaulichung, Abbildung
imitation	Imitation	Nachahmung, Nachbildung, Fälschung
information	Information	Auskunft, Nachricht
to irritate	irritieren	reizen
inspection	Inspektion	Besichtigung, Durchsicht
inspiration	Inspiration	Eingebung, Erleuchtung
institution	Institution	Einrichtung, Anordnung
to isolate	isolieren	ausgrenzen, absondern
logical	logisch	folge-, denkrichtig
magazine	Magazin	Warenlager, Zeitschrift
manual	manuell	Hand-
material	Material	Stoff, Werkstoff, Bestandteil, Unterlagen
method	Methode	Art und Weise, Verfahren
modern	modern	heutig, neuer, zeitgenössisch
moment	Moment	Augenblick
naive	naiv	einfältig, bieder, unbefangen
optimistic	optimistisch	zuversichtlich
original	Original	Urtext, Urschrift, Sonderling
patriotism	Patriotismus	Vaterlandsliebe
period	Periode	Zeitraum, Abschnitt

englisch	deutsches Fremdwort	deutsche Entsprechung
portrait	Porträt	Bild, Beschreibung, Darstellung, Schilderung
practice	Praxis	(Aus-)Übung, Tätigkeit
prestige	Prestige	Ansehen
principle	Prinzip	Grundsatz
process	Prozess	Verlauf, Vorgang, Verfahren
to produce	produzieren	herstellen, erzeugen
product	Produkt	Erzeugnis
production	Produktion	Erzeugung, Herstellung
profit	Profit	Nutzen, Vorteil, Gewinn
prominent	prominent	bekannt, führend, bedeutend
quality	Qualität	Eigenschaft, Güte, Wert
quantity	Quantität	Menge
to regulate	regulieren	ordnen, einteilen, richten
reserve	Reserve	Rücklage, Vorrat, Zurückhaltung
situation	Situation	Lage
social	sozial	gesellschaftlich
tendency	Tendenz	Absicht, Neigung, Hang, Richtung
tradition	Tradition	Überlieferung, Brauchtum, alter Brauch
traditional	traditionell	herkömmlich, überliefert
vulgar	vulgär	gewöhnlich, ungesittet

Übersetzen Sie im Folgenden möglichst unter Vermeidung von Fremdwörtern:

Seite 100 →

1 Übungssätze

1 the original of Shakespeare's complete works

2 a dominating topic of American history

3 He is a prominent member of London society.

4 the traditional tendency of Americans to be optimistic about the future

5 The year 1776 was a historic date in the making of the American nation.

6 to copy the method of producing precious metals

7 the political situation of the federal government

8 the basis of the British economy

9 to cover an enormous distance

10 This principle of interpretation is characteristic of modern literature.

2 *False Friends*

Als solche bezeichnet man Wörter oder Ausdrücke, die durch Verwechslung mit z. B. deutschen oder französischen Wörtern und Ausdrücken zu einer falschen Übersetzung führen können.

Beispielsätze

1	He actually thought that I was the thief.	Er dachte doch tatsächlich, dass ich der Dieb sei.
2	Was Macbeth an actual historical character?	War Macbeth eine tatsächliche historische Figur?
3	The teacher will not blame us if we do our best.	Der Lehrer wird uns nicht tadeln, wenn wir unser Bestes leisten.
4	I live on the first floor. (AE)	Ich wohne im Erdgeschoss.
5	She gave us a genial welcome.	Sie hieß uns herzlich willkommen.
6	The training took place in a gymnasium.	Das Training fand in einer Turnhalle statt.

7	Would you like to see my photographs?	Möchtest du meine Fotos sehen?
8	He overheard our talk.	Er belauschte unser Gespräch.
9	Sit down and rest.	Setz dich und ruh dich aus.
10	She is too sensible to do anything so foolish.	Sie ist zu vernünftig, um so etwas Dummes zu tun.
11	Nottingham is famous for its bicycle industry.	Nottingham ist berühmt für seine Fahrradindustrie.
12	Could I have a receipt, please?	Könnte ich bitte eine Quittung haben?
13	Spare me the details.	Erspare mir die / Verschon mich mit den Einzelheiten.
14	She spends three dollars a day for lunch.	Sie gibt pro Tag drei Dollar für das Mittagessen aus.
15	Goods are kept in a warehouse.	Waren werden in einem Lagerhaus aufbewahrt.

Übersicht

englisch	deutsche Übersetzung	false friend	**englische Übersetzung**
actual(ly)	eigentlich, tatsächlich	aktuell	**topical, current**
artist	Künstler	Artist	**circus performer, artiste**
to become	werden	bekommen	**to get, to receive, to obtain**
to blame for	tadeln für, verantwortlich machen für	blamieren	**to ridicule, to disgrace**
brave	tapfer, mutig	brav	**good, well-behaved**
concurrence	Übereinstimmung, Mitwirkung	Konkurrenz	**competition, rivalry**

englisch	deutsche Übersetzung	false friend	**englische Übersetzung**
con-fession	Geständnis, Beichte	Kon-fession	**denomination**
conse-quent	daraus folgend, sich daraus ergebend	konse-quent	**consistent**
critic	Kritiker	Kritik	**criticism, critique**
defend-ant	Angeklagter	Verteidi-ger	**defender**
dome	Kuppel	Dom	**cathedral**
event-ually	schließlich, letztendlich	eventuell	**perhaps, possibly**
fabric	Gewebe	Fabrik	**factory**
famous	berühmt	famos	**splendid**
floor	Fußboden; Etage, Stockwerk	Flur	**hall, vestibule**
fraction	Bruch(-teil)	Fraktion	**parliamentary party, faction**
genial	freundlich, leutselig	genial	**highly gifted, ingenious, brilliant**
gift	Gabe, Geschenk	Gift	**poison**
gym-nasium	Turnhalle	Gym-nasium	**grammar school**
human	menschlich	menschen-freundlich, verständ-nisvoll, gütig	**humane**
lecture	Vortrag, Vorlesung	Lektüre	**reading**
lime	Kalk	Leim	**glue**
matinée	Nachmittags-vorstellung	Matinée	**morning performance**
map	Landkarte	Mappe	**briefcase**
meaning	Bedeutung, Sinn	Meinung	**opinion, view**

englisch	deutsche Übersetzung	false friend	**englische Übersetzung**
murder	Mord	Mörder	**murderer**
note	Anmerkung, Notiz, (Geld-)Schein	Zeugnis-note	**mark**
novel	Roman	Novelle	**short novel, short story**
ordinary	gewöhnlich, üblich	ordinär	**vulgar, low, common**
to over-hear	abhören, belauschen	überhören	**to ignore**
to over-take	überholen	über-nehmen	**to take over**
petrol	Benzin	Petroleum	**petroleum**
phrase	Redewendung	Satz, Phrase	**sentence cliché, empty talk**
photo-graph	Fotografie, Aufnahme	Fotograf	**photographer**
physician	praktischer Arzt, Internist	Physiker	**physicist**
pregnant	schwanger	prägnant	**concise, precise**
preserv-ative	Konservierungs-(-mittel)	Präservativ	**condom**
prospect	Aussicht(en)	Prospekt	**folder, leaflet**
to prove	beweisen	prüfen	**to test, to check, to examine**
provision	Vorsorge, Fürsorge	Provision	**commission**
receipt	Quittung	Rezept	**prescription (Arzt) recipe (Koch-)**
rent	Miete	Rente	**pension**
to rest	ruhen, rasten	bleiben	**to stay, to remain**
self-con-scious	a) schüchtern, ge-hemmt, befangen b) sich seiner selbst bewusst (philos.)	selbst-bewusst	**self-assured, self-confident**

englisch	deutsche Übersetzung	false friend	**englische Übersetzung**
sensible	vernünftig, bewusst	sensibel	**sensitive**
to spare	schonen, ersparen	sparen	**to save**
to spend	vertun, verbringen, ausgeben	spenden	**to give, to dispense**
sportive	spaßhaft, mutwillig	sportlich	**sporting**
stream	Bach, Flüsschen, Strömung	Strom	**(large) river, current (elec.)**
sympath-etic	mitfühlend, verständnisvoll	sympa-thisch	**nice, agreeable**
under-taker	Leichenbestatter	Unter-nehmer	**entrepreneur**
virtuous	tugendhaft, rechtschaffen	virtuos	**masterly**
ware-house	Lagerhaus, Speicher	Waren-haus	**store, department store**

2 Übungssätze

Seite 100 →

1 The lecture was so interesting that he took a lot of notes.

2 He's his own severest critic.

3 What are you actually talking about?

4 Last year there were an overwhelming 1,826 murders in New York City, and muggings have jumped 22 percent since 1975.

5 The publication of the book and the consequent public discussion received much attention.

6 What ist the meaning of that phrase?

7 The teachers spent a lot of time in useless discussion.

8 It became clear that the Tories were going to win the elections.

9 The Queen waved genially to the spectators as she passed.

10 The rent is the amount of money that you pay regularly for a house or flat.

11 I'm going to send you a receipt to confirm that I have received money from you.

12 There is little prospect of an increase in children's allowances.

13 They did not make any provision for their old age.

14 You acted sensibly.

15 I cannot blame you for your reaction.

16 He ist one of the most humane persons I have ever got to know.

17* He was sympathetic towards men with young families still working at the nuclear power plant at Sellafield.

18* Second generation immigrants are often self-conscious about their ethnicity and refuse to speak their native language.

19* The brave Americans serving our nation in the Persian Gulf, in Somalia and wherever else they stand are testament to our resolve. (Clinton)

20* When the West Indians eventually decided to defend themselves a pitched battle raged between blacks and whites.

3 Verwechselbare Wörter

Eine Reihe von ähnlich- oder gleichlautenden, aber inhaltlich völlig unterschiedlichen Wörtern kann leicht zu Fehlern führen. Viele von diesen Wörtern sind Ihnen vielleicht bekannt, dennoch erscheint eine Zusammenstellung sinnvoll:

Beispielsätze

1	When I came in, she was dyeing her hair.	Als ich hereinkam, färbte sie sich gerade die Haare.
2	She was dying.	Sie lag im Sterben.

3	The physician is treating me for my heart problems.	Der Arzt behandelt mich wegen meiner Herzprobleme.
4	Do you know any well-known physicists?	Kennen Sie (irgendwelche) bekannte(n) Physiker?
5	Physics is the science that deals e. g. with mechanics, electricity and atomic energy.	Die Physik ist die Wissenschaft, die z. B. die Mechanik, die Elektrizität und die Atomenergie behandelt.
6	He is a man with a strong physique.	Er ist ein Mann von kräftiger Statur.
7	The books were lying on the table.	Die Bücher lagen auf dem Tisch.
8	She is lying to him.	Sie lügt ihn an.
9	His mother laid a hand on his shoulder.	Seine Mutter legte ihm die Hand auf die Schulter.
10	It ist not decent to laugh at other people's troubles.	Es ist unpassend / es gehört sich nicht, über anderer Leute Schwierigkeiten zu lachen.
11	The river descends from the mountain to the sea.	Der Fluss fließt vom Gebirge zum Meer.
12	He ist of German descent.	Er ist deutscher Abstammung.
13	He descends from the early settlers.	Er stammt von den früheren Siedlern ab.
14	His self-confidence deserted him after so many mistakes.	Nach so vielen Fehlern verließ ihn sein Selbstvertrauen.
15	As a dessert they had cheese and fruit.	Als Nachtisch aßen sie Käse und Obst.

Übersicht

to affect	beeinflussen, wirken auf	**to effect**	durchführen, bewirken
beside	neben	**besides**	außerdem, außer
(to) break	Bruch, (zer-)brechen	**brake**	Bremse
bow	Verbeugung	**bow**	Bogen
channel	(natürlicher) Kanal, (Fernseh-)Programm	**canal**	(künstlicher) Kanal
the Channel	Ärmelkanal		
decent	schicklich, anständig, passend	**descent**	Abstieg, Abstammung
to de-scend	hinuntergehen, abstammen	**to dissent**	abweichen, nicht zustimmen
(to) de-sert	Wüste; verlassen, fliehen	**dessert**	Nachtisch
to die	sterben	**to dye**	färben
disinter-ested	unvoreingenommen, neutral	**uninter-ested**	uninteressiert
economic	wirtschaftlich	**eco-nomical**	sparsam
eruption	Ausbruch	**irruption**	Eindringen, Hereinbrechen
fair	blond, schön, billig; fair, Jahrmarkt	**fare**	Fahrgeld
few	wenige	**a few**	einige, ein paar
to find (found, found)	finden	**to found** (founded, founded)	gründen
fiction	Erzählliteratur, Prosa	**friction**	Reibung
hole	Loch	**whole**	ganz
holy	heilig	**wholly**	gänzlich

idle	faul	**idol**	Götzenbild
industrial	industriell	**indus-trious**	fleißig, arbeitsam
it's	es ist, es hat	**its**	sein, ihr
judicial **judiciary**	richterlich Gerichtswesen	**judicious**	vernünftig
at last	zuletzt, endlich	**at least**	wenigstens, mindestens
to lie (lay, lain) **to lie** (lied, lied)	liegen lügen	**to lay** (laid, laid)	setzen, stellen, legen
to lose (lost, lost)	verlieren	**(to) loose**	lose, locker, lösen
literal	wörtlich	**literary**	literarisch
major	Major; größer, bedeutend(er)	**mayor**	Bürgermeister
mail	Post	**male**	männlich
peace	Frieden	**piece**	Stück
physic	Arznei	**physics**	Physik
physique	Körperbau, Statur		
physician	Arzt	**physicist**	Physiker
to pray	beten	**prey**	Beute
price	Preis	**prize**	Preis (Gewinn)
quiet	ruhig	**quite**	ganz
to raise	(er-)heben, errichten, aufziehen	**to rise**	sich erheben, aufstehen
to sever	trennen	**severe**	streng
success-ive	nachfolgend	**success-ful**	erfolgreich
then	dann, danach; (Adj.) damalig	**than**	als (Vergleich)

wine	Wein	**vine**	(Wein-)Rebe
to wonder	sich wundern, sich fragen	**to wander**	umherwandern

Seite 101

3 Übungssätze

1 A mayor represents the town on special occasions.

2 She proved to be an economical housekeeper.

3 A literal translation is not always possible.

4 Sometimes people prefer a colloquial to a literary style.

5 During the Thatcher years industrial relations in Britain grew rather bad.

6 The success of the Japanese economy is to a large degree due to the industrious Japanese worker.

7 Nick Carraway plays the role of the disinterested observer in *The Great Gatsby.*

8 She was rather uninterested in him, as he appeared to be a bore.

9 At our school repairs are being effected.

10 Computers can strongly affect people's lives.

11 We sat down beside our friends.

12 Besides us, nobody could follow the conversation.

13 A novel is a long work of fiction.

14* Thankfully there were no major riots, but Bradford and Brixton gave us a glimpse of the kind of social unrest none of us wants.

15* The economic and political debate about the merits of full EMS membership will now intensify.
(EMS = European Monetary System)

4 „Vorsicht Falle"

Eine Reihe von häufig verwendeten Ausdrücken, Wörtern oder Abkürzungen führt leicht zu Fehlübersetzungen. Deshalb ist es unbedingt notwendig, sich die folgende Zusammenstellung gut einzuprägen:

Beispielsätze

1	We did not like that at all.	Uns gefiel das überhaupt nicht.
2	From 70 B.C. to A.D. 10 is eighty years.	Vom Jahr 70 vor Christus bis zum Jahr 10 (nach Christus) sind es achtzig Jahre.
3	She works from 8 a.m. to 5 p.m.	Sie arbeitet von 8 Uhr vormittags bis 5 Uhr nachmittags.
4	It's all a game after all.	Es ist schließlich nur ein Spiel.
5	We are at a loss what to say.	Wir sind ratlos, was wir dazu sagen sollen.
6	I would be dead but for you.	Ich wäre tot ohne dich / wenn du nicht gewesen wärest.
7	As to my exams I have not decided yet.	Was meine Prüfungen betrifft, so habe ich mich noch nicht entschieden.
8	The country at large is hoping for a better future.	Das Land im Ganzen hofft auf eine bessere Zukunft.
9	Language is, as it were, a mirror of society.	Die Sprache ist sozusagen ein Spiegel der Gesellschaft.
10	By and large your suggestions are excellent.	Im Großen und Ganzen sind deine Vorschläge ausgezeichnet.
11	There were twenty children in all.	Es waren insgesamt zwanzig Kinder.

12	In Britain young people come of age when they are 18.	In Britannien werden junge Leute im Alter von 18 Jahren volljährig.
13	If you use your common sense, there won't be any problems.	Wenn Sie Ihren gesunden Menschenverstand gebrauchen, wird es keine Probleme geben.
14	Scarcely had I reached the house when it started to rain.	Kaum hatte ich das Haus erreicht, als es zu regnen begann.
15	The accused pleaded his innocence in vain.	Vergeblich beteuerte der Angeklagte seine Unschuld.

Übersicht

englisch	deutsch
above all	vor allem
A.D.	im Jahre (nach Christus)
a.m.	vormittags
according to	gemäß, nach
after all	schließlich, immerhin, trotzdem
all at once	ganz plötzlich
all of a sudden	ganz plötzlich
all the same	trotzdem
and the like	und dergleichen
as	wie; als; in dem Maße wie; da
as for / as to	was … betrifft, hinsichtlich
as it were	sozusagen, gleichsam
as much as	bis zu, nicht weniger als
as yet	bis jetzt, bisher
anyhow	sowieso
at all	überhaupt
at a loss	ratlos

englisch	deutsch
at all events	auf alle Fälle, jedenfalls
at all times	jederzeit
at any rate	auf jeden Fall
at any price	um jeden Preis
at any time	jederzeit
at best	bestenfalls
at large	im Ganzen
at the expense of	auf Kosten von
at worst	schlimmstenfalls
B.C.	vor Christus
before long	in Kürze, bald
both … and	sowohl … als auch
but (adv.)	nur, bloß
but for	außer, ohne
by (zeitlich)	bis (spätestens)
by all means	auf alle Fälle, selbstverständlich
by and by	irgendwann
by and large	im Großen und Ganzen
by chance	zufällig
by degrees	nach und nach
by heart	auswendig
by no means	keineswegs
by surprise	unversehens
by that time	unterdessen, inzwischen
by the way	übrigens, nebenbei gesagt
by turns	abwechselnd
common sense	gesunder Menschenverstand
despite	trotz
fairly	ziemlich, recht
for	seit; schon, … lang; denn; für

englisch	deutsch
for all	trotz (Präp.) / soweit (Konj.)
for instance	zum Beispiel
for good	für immer, endgültig, ein für allemal
to get the better of	überwinden, die Oberhand gewinnen
generally speaking	allgemein gesagt
greatly	sehr
had better / rather	sollte, möchte eher / lieber
hardly	kaum
highly	höchst, sehr
honestly speaking	ehrlich gesagt
how about	wie wäre es mit, was ist mit, wie steht es mit
how come?	wieso? weshalb? warum?
however	jedoch; wie … auch immer
in all	insgesamt
i.e. (that is)	d. h.
in due course	im Laufe der Zeit, zu gegebener Zeit, zur rechten Zeit
in fact	in der Tat, tatsächlich
in spite of	trotz
in terms of	was … betrifft, mit
in vain	vergeblich
it is true (einschränkend)	allerdings, zwar
largely	weitgehend, in hohem Maße
lately	vor kurzem, unlängst
let alone	geschweige denn
M.P.	Parlamentsabgeordneter
nevertheless	nichtsdestoweniger, dennoch
not … at all	keineswegs

englisch	deutsch
not … yet	noch nicht
of age	volljährig, mündig
of late	in letzter Zeit
on sb.'s account	wegen
once more	noch einmal
on second thoughts	bei nochmaliger Betrachtung, nach reiflicher Überlegung
on the whole	im Großen und Ganzen
p.m.	nachmittags, abends
presently	bald; zur Zeit, derzeit
properly speaking	eigentlich, streng genommen
scarcely	kaum
since	seit; seitdem; da
so as to	um zu + Infinitiv
so far	bis jetzt, soweit
somehow or other	irgendwie
sometime or other	irgendwann, einmal
sometimes	manchmal, zuweilen
such as	wie z. B.
then	Adv. dann, damals; Adj. damalig
the other day	neulich
thus	so, folglich
some	einige + Plural; irgendein + Singular
strictly speaking	streng genommen
supposing	angenommen
to begin with	zuerst
to come	kommend, nächst, zukünftig
to my liking	nach meinem Geschmack
unless	es sei denn; wenn nicht

englisch	deutsch
very	Adv. sehr; Adj. genau; ebendiese / r / s
vice-versa	umgekehrt
virtually	praktisch, geradezu
what about	wie wäre es mit, was ist mit, wie steht es mit
with all	trotz
yet	doch, bis jetzt, schon, erst noch

Seite 102

4 Übungssätze

1 In spite of all her problems she is still cheerful.

2 Your criticism will be dealt with in due course.

3 Don't change your plans on my account.

4 I haven't seen him of late.

5 I'm by no means pleased with your behaviour.

6 He will play a significant role in the elections to come.

7 They are rich, for all I know.

8 By all means, tell them my name when you apply for the job.

9 By and by he will have to take a decision.

10 A just society has yet to be established.

11 The student worked a lot for his A-level yet failed to pass the main exams.

12 What about your library books? Have you returned them yet?

13 He's been ill for two weeks, but for all that, he must be fit for Saturday's match.

14 The situation was virtually a disaster.

15 We have not yet made up our minds; however, our view of your suggestions is favourable.

16 Popularity, however seemingly strong and widespread, can evaporate in no time.

17 Up to the outbreak of the Great War, Europe was largely ruled by monarchies.

18* Today's young are a different world. Instead of protesting, many appear resigned and fatalistic. Above all the young are demoralized by joblessness.

19* People cannot easily accept the notion that the only way to maintain their comfortable living standard, let alone improve it further, is to give more freely.

20* Several institutions have tried to mediate in the North-South dialogue. At first their appeal was to philanthropy and goodwill. Yet since those approaches have not worked, they are now arguing in terms of self-interest.

Exkurs: *very* als Adjektiv

Das Wort *very* wird nicht nur als Adverb vor einem Adjektiv in der Bedeutung *sehr, überaus* verwendet; es kann auch als Adjektiv vor einem Substantiv Verwendung finden. Es ist dann im Deutschen je nach Kontext mit *genau, sogar, bloß, gerade, schon, noch, schlechthin* u. a. wiederzugeben.

Beispielsätze

1	We will discuss your affairs this very afternoon.	Wir werden Ihre Angelegenheiten noch heute Nachmittag besprechen.
2	The very idea makes me furious.	Schon der Gedanke macht mich wütend.
3	This is the very contrary.	Dies ist das genaue Gegenteil.

Vergleichen Sie ferner:

englisch	deutsch	englisch	deutsch
in the very beginning	gleich am Anfang	**on the very day**	gerade (genau) an dem Tag
this very day	noch heute	**to the very letter**	auf den Buchstaben genau
in the very act	auf frischer Tat	**the very thought of**	allein schon der Gedanke an

Seite 102

4 Übungssätze

1 The house was shaken to the very bottom.

2 These were his very words.

3 He trembled at the very name of his enemy.

4 He was the very picture of his father.

5* Thomas Jefferson believed that to preserve the very foundations of our nation, we would need dramatic change from time to time.

5 *English Idioms*

Nur wenige Sprachen leben von einer solchen Fülle von idiomatischen Ausdrücken wie das Englische. Diese für das Englische typischen Redewendungen erschweren die Arbeit des Übersetzens, da sie über bloße Wortkenntnisse hinausgehen. Zudem lässt sich nur eine begrenzte Anzahl englischer idiomatischer Ausdrücke wörtlich ins Deutsche übersetzen. Bei den meisten Wendungen findet man im Deutschen jedoch keine wörtliche Entsprechung. Hier gilt es, mit Fingerspitzengefühl eine passende Formulierung zu finden.

Beispiele für eine (fast) wörtliche Übersetzung

englisch	deutsch
to give an overview of sth	einen Überblick über etwas geben
to go to the dogs	vor die Hunde gehen

englisch	deutsch
to get wind of sth.	von etwas Wind bekommen
to have seen better days	schon bessere Tage gesehen haben
to break the ice	das Eis brechen
one's days are numbered	jemandes Tage sind gezählt
through thick and thin	durch dick und dünn
to weep bitterly	bitterlich weinen
to be received with open arms	mit offenen Armen empfangen werden
to love sb. beyond all measure	jemanden über alle Maßen lieben
to live from hand to mouth	von der Hand in den Mund leben
to come to the conclusion	zu der Schlussfolgerung kommen
to be out of the question	außer Frage sein
colour-blind	farbenblind
an open secret	ein offenes Geheimnis
to let the cat out of the bag	die Katze aus dem Sack lassen
a new broom sweeps clean	neue Besen kehren gut
a castle in the air	ein Luftschloss
it's child's play	es ist ein Kinderspiel
he's the black sheep of his family	er ist das schwarze Schaf in der Familie

5 A Übersetzen Sie folgende dem Deutschen ähnlichen Wendungen

Seite 103

1 from top to toe

2 It is my turn.

3 Once upon a time (there was) …

4 with the naked eye

5 to go with the tide

6 small talk

7 He laughed up his sleeve.

8 a short cut

9 to run short of sth

10 to put up for sale

11 to be quite out of place

12 It is all one to me.

13 Keep to the point!

14 until further notice

15 for all I know

16 to be up to the ears in debt

17 Help yourself to some tea!

18 She shut the door in his face.

19 It's a drop in the ocean.

20 to brush up one's English

B Versuchen Sie, für folgende Ausdrücke eine entsprechende Wendung zu finden

Seite 103 →

1 conservative to the core

2 to make a clean breast of one's crimes

3 to take the chair

4 With the compliments of the season!

5 to keep one's temper

6 It makes my flesh creep.

7 to be at daggers drawn

8 The die (Pl. dice) is cast.

9 a fly in the ointment

10 to back the wrong horse

11 to put the cart before the horse

12 to go in Indian file

13 to bite the dust / the ground

14 Birds of a feather flock together. (prov)

15 A bird in the hand is worth two in the bush. (prov)

16 He's head over heels in love with that girl.

17 to kill two birds with one stone

18* What the eye does not see the heart does not grieve over. (prov)

19* to carry coals to Newcastle (prov)

20* You cannot make an omelet without breaking eggs. (prov)

6 Deutsche Füllwörter

Im Deutschen gibt es eine Reihe von Wörtern, die zur stilistischen Abrundung des Satzes, vor allem in der wörtlichen Rede, erforderlich sind. Solche Füllwörter sind z. B. *aber, allmählich, denn, doch, eigentlich, erst, ja, recht, nur, schon, überhaupt, wohl, ziemlich, zwar.* Im Englischen gibt es keine Entsprechung dafür.

Beispielsätze

1	Did he see you?	Hat er Sie eigentlich gesehen?
2	I really must be getting home.	Jetzt muss ich aber wirklich nach Hause.
3	He is so kind.	Er ist doch so nett.
4	Can this be true?	Das kann doch wohl nicht wahr sein?!
5	That's what I want!	Das will ich ja gerade!

6	Behave yourself!	Benimm dich doch!
7	This is getting serious.	Jetzt wird's aber ernst.
8	We shall see.	Wir werden schon sehen.
9	That is unprecedented.	Das ist noch nicht da gewesen.
10	Am I going to die of thirst here?	Soll ich hier eigentlich verdursten?

Seite 103

6 Übungssätze

1 While there is life, there's hope.

2 We'll manage that some way or other.

3 That was a stupid thing to do.

4 That's the idea!

5 I should think so.

6 We'll sort all that out.

7 Don't make such a fuss about it!

8 Things are warming up.

9 What do you take me for?

10* For years, these rappers have been preaching drug culture and violence. But now they are openly living that lifestyle, and that will have a devastating effect on our young people.

7 Amerikanismen

Unter Amerikanismen versteht man Wörter oder Wendungen, die im amerikanischen Englisch eine eigene Bedeutung angenommen haben. Markante Beispiele, die bei der Übersetzung Schwierigkeiten bereiten können, werden unten in einem Überblick zusammengestellt.

Beispielsätze

1	I'll go backpacking.	Ich gehe wandern. / Ich mache eine Bergtour.
2	In the USA you can get a driver's licence at the age of sixteen.	In den USA kann man den Führerschein mit sechzehn Jahren machen.
3	The nearest gas station is at the intersection right over there.	Die nächste Tankstelle befindet sich gleich dort drüben an der Kreuzung.
4	I guess you are mighty proud of his success.	Ich nehme an, dass du mächtig / ziemlich stolz auf seinen Erfolg bist.
5	In New York you may find people sleeping on the sidewalk.	In New York kann man Leute finden, die auf dem Bürgersteig / Gehweg schlafen.
6	My kids are in 9th and 10th grade now.	Meine Kinder sind nun in der 9. und 10. Klasse.
7	You won't find many streetcars left in the US.	In den Vereinigten Staaten findet man nur noch wenige Straßenbahnen.
8	She's a truck driver.	Sie ist Lastwagenfahrerin.
9	Youngsters like to eat hamburgers with French fries.	Jugendliche essen gerne Hamburger mit Pommes frites.

10	The road was so dirty that I had to wipe the windshield several times.	Die Straße war so schmutzig, dass ich die Windschutzscheibe mehrmals säubern musste.
11	In the States a drugstore is a store where you can not only buy medicine but also drinks, newspapers and tobacco.	In den Staaten ist ein Drugstore ein Laden, in dem man nicht nur Arzneien, sondern auch Getränke, Zeitungen und Tabak kaufen kann.
12	We plan to go on vacation in July.	Wir planen im Juli Ferien zu machen.
13	I can't remember the Zip code for Atlanta.	Ich kann mich nicht an die Postleitzahl von Atlanta erinnern.
14	He was US Secretary of Defense up to 1996.	Er war bis 1996 US-Verteidigungsminister.
15	Labor unions represent the workers' rights and interests to their employers.	Gewerkschaften vertreten die Rechte und Interessen der Arbeiter gegenüber ihren Arbeitgebern.

Überblick

American English	British English	deutsch
apartment	flat	Appartement, Wohnung
backpack	rucksack	Rucksack
backyard	back garden	Garten (hinter einem Haus)
baggage	luggage	Gepäck
billion	thousand millions	Milliarde
candy	sweets	Süßigkeiten, Bonbon(s)
car	carriage	Waggon
can	tin	Dose, Büchse
(potato) chips	crisps	Kartoffelchips

American English	British English	deutsch
(business) corporation	(limited) company	Unternehmen, Gesellschaft
cookie/cooky	biscuit	Keks, Plätzchen
corn	Indian corn/ maize	Mais
Corn Belt	---	„Maisgürtel"
creek	stream, small river	Bach
darn	damn	verdammt, verflucht
downtown	city centre	Innenstadt, Geschäftsviertel
draft	call-up	Einberufung
to draft	to conscript	zum Militär einziehen
driver's licen-ce/license	driving licence	Führerschein
drugstore	---	Drugstore
elective	optional subject	Wahlfach
elevator	lift	Aufzug
fall	autumn	Herbst
fender	wing	Kotflügel
to figure	to imagine	annehmen, halten für
fire depart-ment	fire-brigade	Feuerwehr
first floor	ground floor	Erdgeschoss
second floor	first floor	erster Stock
free-way	motorway	Autobahn
French fries	chips	Pommes frites
fresh	cheeky, impudent	frech, dreist
for free	free of charge	kostenlos, gratis
garbage	rubbish	Abfall, Müll

American English	British English	deutsch
garbage can	dustbin	Mülleimer
gas(oline)	petrol	Benzin
Gee!	goodness!	Mensch! Donnerwetter!
grade	mark	Note
grade	form, class	Klasse
grain	corn	Getreide
I guess	I think, suppose	ich denke, glaube, nehme an
divided highway	dual carriageway	Schnellstraße mit Mittelstreifen
high school (14–18ys)	secondary school	Highschool, Oberschule, weiterführende Schule
hood	bonnet	Motorhaube
Interior Secretary	Home Secretary	Innenminister
intersection	crossroads	Kreuzung
janitor	caretaker	Hausmeister
labor union	trade-union	Gewerkschaft
lunch counter	snack-bar	Imbissstube
mad	angry, furious	zornig, wütend
mail	post	Post
major	main subject	Hauptfach
minor	optional subject	Nebenfach
mighty	very, really	mächtig, ziemlich
movie	film	Film
movies	cinema	Kino
pants	trousers, pants	Hosen
to be paroled	to be released on probation	auf Bewährung entlassen
principal	headteacher	Schulleiter
quiz	test	Schultest

American English	British English	deutsch
railroad	railway	Eisenbahn
restroom(s)	toilet	Toilette(n), WC
to room	to lodge	wohnen
rooming-house	boarding-house	Pension
salesman / -woman	shop-assistant	Verkäufer(in)
schedule	time(table)	Fahrplan
on schedule	punctually	pünktlich
Secretary (of Defense)	Minister (of Defense)	(Verteidigungs-)Minister
Secretary of State	Foreign Secretary	Außenminister
semester	term	Semester (Trimester)
specialty	special**i**ty	Spezialität
public school	state school	staatliche / öffentliche Schule
prep school	public school	Privat-, Internatschule
sidewalk	pavement	Bürgersteig, Gehweg
store	shop	Geschäft, Laden
storekeeper	shopkeeper	Ladenbesitzer
student	pupil, school-boy / -girl	Schüler
streetcar	tram	Straßenbahn
subway	underground, tube	U-Bahn
(tele)phone booth	(tele)phone box	Telefonzelle
through	finished	fertig
Treasury Secretary	Chancellor of the Exchequer	Finanzminister
through	until, up to	bis
truck	lorry	Lieferwagen, Lastwagen

American English	British English	deutsch
tuxedo	dinner-jacket	Smoking
trunk	boot	Kofferraum
undershirt	vest	Unterhemd
vacation	holiday(s)	Urlaub, Ferien
vest	waistcoat	Weste, ärmellose Jacke
windshield	windscreen	Windschutzscheibe
Zip code	postcode	Postleitzahl(en)
zipper	zip	Reißverschluss

Seite 104

7 Übungssätze

1 "You'll need good grades, if you want to go to college", the principal remarked.

2 Students, in general, give more time to majors than to minors.

3 The bus was on schedule / half an hour behind schedule.

4 High school is attended after the elementary school. It consists of grades 9 through 12.

5 The Secretary of the Treasury is the head of the Treasury Department.

6 You wear a tuxedo at formal evening parties.

7 Any course may be taken as an elective.

8 We are thrilled by New York City in spite of the heat, the subway problems, the filth and the stench!

9 As the railroads improved their speed, service and safety, other transportation systems declined.

10 We'll want lots of potato chips, peanuts and a couple of cans of ginger ale.

11 Out of the 30 foremost corporations in the world, 24 are American.

12 Unfortunately the zipper is broken, although the handbag is rather new.

13* Once the draft and the threat of the Vietnam War ended, American campuses reverted to a normality of sorts.

14* He saw a fantastic American movie: "East of Eden". It shows the beginnings of agriculture in California and mentions the first use of refrigerated railroad cars.

15* The settlement would require ITT to divest itself of operations having annual sales of at least $ 1 billion.

8 Vorsilben

Die Wortbildung beschäftigt sich mit der Art und Weise, wie neue Wörter entstehen. Durch Anfügen von Zusätzen wie Vorsilben entstehen neue Wortbildungen, deren Sinn mit der ursprünglichen Bedeutung des Stamms meist eng zusammenhängt. Die Kenntnis dieser Vorsilben, besonders solcher, die lateinischen oder griechischen Ursprungs sind, kann Ihnen bei der Erschließung neuer Wörter eine große Übersetzungshilfe sein. Es soll allerdings nicht unerwähnt bleiben, dass Zusätze oft den Sinn eines Ursprungswortes völlig verändern (z. B. *to forecast* – vorhersagen, *outfit* – Kleidung, *self-conscious* – gehemmt).

Beispiele

to foretell – vorhersagen
undecided – unentschlossen
prehistoric – vorgeschichtlich
immobile – unbeweglich
disarmament – Entwaffnung
subconscious – unterbewusst
disbelief – Unglaube
inattention – Unaufmerksamkeit

Übersicht

Vorsilbe	Grundbedeutung	Beispiele mit Grundbedeutung
ante-	vor-	antecedent (früher), antechamber (Vorzimmer)
anta-, anti-	gegen-	antagonist (Gegenspieler), anti-aircraft (Flugabwehr)
bi-	zwei-	bilateral (zweiseitig), bilingual (zweisprachig)

Vorsilbe	Grundbedeutung	Beispiele mit Grundbedeutung
circum-	um-	circumstances (Umstände), circumspect (umsichtig)
co-	mit-, zusammen-	cooperation (Zusammenarbeit), co-author (Mitverfasser)
coun-ter-	gegen-, wider-	counterattack (Gegenattacke), counterproductive (widersinnig)
dis-	Verneinung, Trennung nicht, un-, ver-, ent-,	dishonest (unehrlich), distribution (Verteilung) to disagree (nicht übereinstimmen), discouraging (entmutigend)
ex-	aus-, früher-, ehe-malig	exchange (Austausch), ex-president (ehemaliger Präsident)
for-	ver-	to forget (vergessen), to forbid (verbieten)
fore-	vor-, vorher-	forefathers (Vorväter), to foresee (vorhersehen)
in-*, im-, il-, ir-	Gegensatz un-	incomplete (unvollständig), impossible (unmöglich), illegal (ungesetzlich), irresistible (unwiderstehlich)
inter-	zwischen-, unter-/ miteinander	interstate (zwischenstaatlich), to interlink (miteinander verknüpfen), interlude (Zwischenspiel)
mis-	miss-, un-, irre-, falsch	mistrust (Misstrauen), to misread (falsch lesen)
multi-	viel-, mehr-	multiform (vielgestaltig), multi-coloured (mehrfarbig)
non-	nicht-, un-	non-smoker (Nichtraucher), nonsense (Unsinn)
out-	(hin)aus-, über-	outlook (Ausblick, Aussicht), to outdo (übertreffen)
over-	über-	to overcome (überwinden), to overflow (überfließen)

Vorsilbe	Grundbedeutung	Beispiele mit Grundbedeutung
post-	nach-	post-war (Nachkriegs-), postposition (Nachstellung)
pre-	vor-, vorher-	prefix (Vorsilbe), to predict (vorhersagen)
pro-	vor-, für, auf Seiten von	to propose (vorschlagen), pro-German (für die Deutschen)
re-	wieder-, zurück-, neu-	to reelect (wieder wählen), to return (zurückkehren)
self-	selbst-	self-confidence (Selbstvertrauen), self-esteem (Selbstachtung)
semi-	halb-	semi-final (Halbfinale), semicircle (Halbkreis)
sub-	unter-	to subdivide (unterteilen), submissive (unterwürfig)
super-	über-, ober-	superhuman (übermenschlich), superficial (oberflächlich)
trans-	über-	to transfer (übertragen), to translate (übersetzen)
un-	un-, nicht	unjust (ungerecht), unused (unbenutzt, nicht benutzt)
under-	unter-	underpaid (unterbezahlt), to underestimate (unterschätzen)
up-	auf-	uphill (bergauf), uprising (Aufstand)

* Beachten Sie die zweite Bedeutung der Vorsilbe in-: ein-, hin- / herein: to invite (einladen), to invade (eindringen)

8 Übungssätze

Seite 104

1 During the prewar years the US pursued a policy of isolationism.

2 In the traffic accident the car remained almost undamaged.

3 Intermarriage between black and white Americans is still an exception.

4 The speech was misrepresented in the media.

5 We should take countermeasures.

6 The magazine appears bimonthly.

7 They shook their heads in disbelief.

8 It is absolutely irresponsible to leave her alone in this situation.

9 Some people believe in supernatural forces.

10 He may regain his former job if he is lucky.

11 Today's temperatures are subnormal.

12 You cannot forecast the further development of Anglo-German relations.

13* They could not find their car, because they had left it in a multi-storey car park.

14* The use of non-returnable bottles does not help to protect the environment.

15* During the performance the dancers suddenly moved anti-clockwise.

B GRAMMATIK

9 Die Artikel

Bei der Hinübersetzung ins Englische gibt es bei der Verwendung des Artikels – vor allem des bestimmten Artikels – immer wieder große Schwierigkeiten. Dies gilt in gewissem Maße auch für die Herübersetzung, wenn sie nicht sorgfältig abgefasst wird.

a) Der bestimmte Artikel

Beachten Sie bei folgenden Ausdrücken oder Sätzen die abweichende Verwendung des Artikels:

Beispiele

1	_young Nelson	der junge Nelson
2	the Emperor William	_Kaiser Wilhelm
3	_Switzerland	die Schweiz
4	the Argentine	_Argentinien
5	_Ancient Rome	das alte Rom
6	_Lake Constance	der Bodensee
7	in (the) summer	im Sommer
8	in_March	im März
9	before_sunrise	vor dem Sonnenaufgang
10	after_dinner	nach dem Mittagessen
11	in_town	in der Stadt

12	_School is over.	Die Schule ist aus.
13	_Man proposes, God disposes.	Der Mensch denkt, Gott lenkt.
14	_Woman is the better half of _man.	Die Frau ist die bessere Hälfte des Mannes.
15	_History is not always kind to idlers.	Die Geschichte ist Müßiggängern nicht immer wohlgesonnen.
16	_Life is a desperate struggle.	Das Leben ist ein verzweifelter Kampf.
17	_public opinion	die öffentliche Meinung
18	_most countries in Europe	die meisten Länder Europas
19	Both my parents are unemployed.	Meine beiden Eltern sind arbeitslos.
20	We paid only half the price.	Wir bezahlten nur den halben Preis.

Hinweise zu den Beispielsätzen

1 Eine unterschiedliche Verwendung des bestimmten Artikels besteht bisweilen bei
- Personennamen (Beispiel 1–2),
- geographischen oder historischen Begriffen (3 – 6),
- Zeit- und Ortsangaben (7–11),
- abstraktem Gebrauch von *school, church, prison, bed* im Sinne von „Unterricht, Gottesdienst, Gefangenschaft, Schlaf" (12),
- Gattungsnamen (13 – 14)
- und abstrakten Begriffen (15 – 16); das gilt auch bei einer Verbindung mit Adjektiven, wenn sie mit diesen eine Einheit bilden (17).

2 *most* wird im Deutschen im Plural immer mit „*die* meisten" übersetzt (18).

3 Die Stellung des bestimmten Artikels und des Possessivpronomens weicht ab nach *all, both, double, half, quite* + Substantiv. Im Deutschen stehen Artikel und Possessivpronomen *vor* diesen Ausdrücken, im Englischen *dahinter* (19–20).

Feststehende Redewendungen mit und ohne den bestimmten Artikel

Deutsch mit Artikel

englisch	deutsch
to lose courage	den Mut verlieren
to lie in bed	im Bett liegen
to change colour	die Farbe wechseln
to come to light	ans Licht kommen
to go to sea	zur See gehen
to go to church	in die Kirche gehen
to be at stake	auf dem Spiel stehen
to rise to power	an die Macht kommen
to travel by train	mit dem Zug reisen
to be in prison	im Gefängnis sein
to start work	mit der Arbeit beginnen
to pass judgment upon	das Urteil sprechen über
to lose sight of	aus den Augen verlieren
to play first fiddle	die erste Geige spielen
to call to order	zur Ordnung rufen
to give permission	die Erlaubnis geben
to receive news	die Nachricht erhalten
to gain dominance	die Oberhand gewinnen
to take up arms	die Waffen ergreifen
to bear in mind	im Gedächtnis behalten
in practice	in der Praxis
out of fashion	aus der Mode

englisch	deutsch
in search of	auf der Suche nach
from nature	nach der Natur
in fact	in der Tat
from memory	aus dem Gedächtnis
in case	für den Fall
at first sight	auf den ersten Blick
in public	in der Öffentlichkeit
at hand	bei der Hand
on condition that	unter der Bedingung, dass
in memory of	zur Erinnerung an

Deutsch ohne Artikel

englisch	deutsch
it is the custom	es ist Sitte
it is the fashion	es ist Mode
with the consent of	mit Einwilligung von
with the exception of	mit Ausnahme von
at the expense of	auf Kosten von
with the help of	mit Hilfe von
in the presence of	in Gegenwart von
the fact is	Tatsache ist
in the company of	in Gesellschaft von
to turn to the left / right	nach links / rechts einbiegen
it's out of the question	es steht außer Frage
on the strength of	auf Grund von
to play the piano	Klavier spielen
to run the risk	Gefahr laufen

b) Der unbestimmte Artikel

Wie die Verwendung des bestimmten Artikels weicht auch die des unbestimmten Artikels im Deutschen und im Englischen in einer Reihe von Fällen voneinander ab.

Beispielsätze

1	I am a farmer.	Ich bin_Bauer.
2	He was a Puritan.	Er war_Puritaner.
3	My father is an Englishman.	Mein Vater ist_Engländer.
4	once a year	einmal im / pro Jahr
5	five pounds a week	fünf Pfund die / pro Woche
6	fifty pence a pound	50 Pence das Pfund
7	I was treated as a friend.	Ich wurde als_Freund behandelt.
8	As a young girl she was very shy.	Als_junges Mädchen war sie sehr schüchtern.
9	I got it as a present.	Ich bekam es als_Geschenk.
10	This is quite a nice room.	Das ist ein ganz hübscher Raum.

Hinweise zu den Beispielsätzen

1 Der unbestimmte englische Artikel bleibt im Deutschen bei Ausdrücken, die eine Berufszugehörigkeit, eine Religion oder Nationalität bezeichnen (Satz 1–3), unübersetzt.

2 Bei Zeit-, Maß- und Gewichtsangaben steht im Deutschen der bestimmte Artikel oder „pro" (4–6).

3 Nach *as* + Attribut fehlt im Deutschen der Artikel (7–9).

4 Beachten Sie auch die veränderte Wortstellung nach *as, so, how(ever)* und meist nach *quite, rather, too* + Adjektiv: Im Deutschen steht der Artikel *vor* diesen Ausdrücken (10).

Feststehende Redewendungen mit und ohne den unbestimmten Artikel

Deutsch mit unbestimmtem Artikel

englisch	deutsch
plenty of	eine Menge
part of	(ein) Teil von
to take courage	sich ein Herz fassen
the rank of (general)	der Rang eines (Generals)
to take example by / from	sich ein Beispiel nehmen an
the title of (governor)	der Titel eines (Gouverneurs)
to enter into conversation	eine Unterhaltung anknüpfen
to give battle	eine Schlacht liefern

Deutsch ohne unbestimmten Artikel

englisch	deutsch
to be in a rage	in Wut sein
to be in a fix	in der Klemme sein
to be in a position	in der Lage sein
to be at a loss	sich in Verlegenheit befinden
to be in a hurry	in Eile sein
to take a fancy to	Gefallen finden an
to take an interest in	Interesse zeigen für / an
to take a seat	Platz nehmen
to have a look	schauen, sich ansehen
to have a swim	schwimmen gehen
to have a try	versuchen
to have a walk	spazieren gehen
to have a wash	sich waschen
to have an appetite	Appetit haben
to have a temperature / cough	Fieber / Husten haben

englisch	deutsch
to have a fancy for	Lust haben auf
to bring to an end	beenden, abschließen
to come to an end	zu Ende kommen
to draw to an end	zu Ende gehen
to express a wish	den Wunsch äußern
to need a change of air	Luftveränderung brauchen
it is a pity	es ist schade
to make a noise	Lärm machen
a pleasant journey	Gute Reise
a happy Christmas	Frohe Weihnachten
a speedy recovery	Gute Besserung
in a loud / low voice	mit lauter / leiser Stimme
in a sense	in gewissem Sinne
on an average	im Durchschnitt
to a high degree	in hohem Maße
to a great extent	in hohem Maße
to a certain degree	in gewissem Maße
with a heavy heart	schweren Herzens
in a short time	in kurzer Zeit
with a view	in der Absicht
at a distance	in der Ferne

9 Übungssätze

Seite 106 →

1 _Technology has advanced so far that it threatens to destroy_nature.

2 Better to die a hero than to live a coward.

3 This was too small a reward for so great a service.

4 This is quite a surprise.

5 As a boy I was fond of playing football.

6 It took me double the time.

7 My brother made up his mind to become a politician.

8 He spent_part of his life in_Turkey and_Lebanon.

9 The crisis in America is_crime.

10 The train went at 80 miles an hour.

11 With a heavy heart she said good-bye.

12 A lot of people went to_church today.

13 My wife is a Catholic.

14* In *Lord of the Flies* Ralph shows that good intentions and a commitment to_social order will not suffice to prevent a reversion to_savagery.

15* Jack shows us that cruelty and lust for power can gain_dominance all too easily.

10 Singular und Plural der Substantive

Der Gebrauch von Singular und Plural ist im Deutschen häufig unterschiedlich zu dem im Englischen. So gibt es z. B. Singularformen mit Pluralbedeutung und umgekehrt Pluralformen mit Singularbedeutung.

a) Beispiele für Substantive, die nur im Singular vorkommen

englisch	deutsch
knowledge	Kenntnisse
advice	Ratschlag, Ratschläge
news	Nachricht(en)
furniture	Möbel
progress	Fortschritt(e)
business	Geschäft(e)
produce	Erzeugnis(se)
information	Auskunft, Auskünfte
labour	Arbeitskräfte

merchandise
Ware(n)
Der **Singular** wird mit *a piece of* ausgedrückt:

a piece of good advice – *ein* guter Rat
a piece of bad news – *eine* schlechte Nachricht

b) Beispiele für Substantive, die nur im Plural vorkommen

englisch	deutsch	**englisch**	deutsch
clothes	Kleidung	**tights**	Strumpfhose
jeans	Jeans	**trousers**	Hose
binoculars	Fernglas	**scissors**	Schere
stairs	Treppe	**wages**	(Arbeits-)Lohn
earnings	Verdienst	**tidings**	Nachricht
thanks	Dank	**environs**	Umgebung
surroundings	Umgebung	**riches**	Reichtum (-tümer)
morals	Moral	**Middle Ages**	Mittelalter
doings	Tun	**contents**	Inhalt
means	das (die) Mittel	**physics**	Physik
mathematics	Mathematik	**politics**	Politik
economics	Volkswirtschaft	**linguistics**	Sprachwissenschaft
optics	Optik	**gymnastics**	Gymnastik
genetics	Vererbungslehre	**darts**	Pfeilwerfen
marbles	Murmelspiel	**draughts**	Dame(-spiel)

Der **Singular** wird mit *a pair of* ausgedrückt:

a pair of scissors – *eine* (einzelne) Schere
two pair(s) of trousers – *zwei* Hosen

c) Plural mit doppelter Bedeutung

englisch	Singular deutsch	englisch	1. Plural deutsch	2. Plural deutsch
force	Kraft	**forces**	Kräfte	Streitkräfte
colour	Farbe	**colours**	Farben	Fahne
custom	Sitte, Brauch	**customs**	Sitten, Bräuche	Zoll
letter	Buchstabe, Brief	**letters**	Buchstaben, Briefe	Literatur
spectacle	Schauspiel, Anblick	**spectacles**	Schauspiele	Brille
glass	Glas	**glasses**	Gläser	Brille
pain	Schmerz	**pains**	Schmerzen	Sorgfalt
regard	Rücksicht	**regards**	Rücksichten	Grüße
spirit	Geist, Spiritus	**spirits**	Geister, Spirituosen	Stimmung, Laune
step	Schritt, Stufe	**steps**	Schritte, Stufen	(kleine) Leiter
wit	Witz, witziger Mensch	**wits**	Witze; geistreiche Menschen	Verstand

d) Doppelte Plurale

englisch	deutsch	englisch	deutsch
pennies	Penny-Stücke (Münzen)	**pence**	Pence (= Wertangabe)
brothers	Brüder	**brethren**	Mitbrüder, Brüder einer Sekte
clothes	Kleidung	**cloths**	Tücher
people	Leute	**peoples**	Völker

e) Plural von Stoffnamen und abstrakten Begriffen im Deutschen

Dem englischen Plural entspricht manchmal ein deutscher Singular, in vielen Fällen ist jedoch eine Übersetzung mit einem zusammengesetzten Begriff genauer.

englisch	deutsch	**englisch**	deutsch
teas	Teesorten	**waters**	Wassermassen
rains	Regengüsse	**leaves**	Laub
snows	Schneemassen	**cottons**	Baumwollwaren
silks	Seidenstoffe	**wines**	Weinsorten
beliefs	Glaubens-vorstellungen	**conscious-nesses**	Bewusstseins-vorstellungen
hatreds	Hassgefühle, -ausbrüche	**favours**	Gunst-bezeugungen
racisms	Arten von Rassismus	**ironies**	Beispiele für Ironie
policies (pej)	politische Praktiken	**responsibilities**	Pflichten
tastes	Geschmacks-richtungen	**suspicions**	Verdachtsmo-mente, -gründe
thoughts	Gedankenwelt	**transport facilities**	Transportwesen
choices	Wahl-möglichkeiten		

f) Englischer Plural – Singular im Deutschen

Körperteile, Kleidungsstücke, abstrakte Begriffe, die sich auf mehrere Personen beziehen, stehen im Deutschen im Gegensatz zum Englischen im Singular:

Beispielsätze

1	They shook their heads.	Sie schüttelten den Kopf.
2	They defended their lives.	Sie verteidigten ihr Leben.

So auch bei *caps, hats, faces, hands* wie auch bei *death, mind, soul* u. a.

1. *The United States* und *The United Nations* haben das Verb im Singular.

The United States consists of fifty states.	Die Vereinigten Staaten bestehen aus 50 Staaten.

2. Werden durch mehrere Adjektive bei einem Substantiv verschiedene Dinge bezeichnet, so steht im Englischen das Substantiv im Plural, im Deutschen im Singular.

In the 14th and 15th centuries, the Anglo-Saxon and French languages were blended into one.	Im 14. und 15. Jahrhundert verschmolzen die angelsächsische und französische Sprache miteinander.

g) Unregelmäßiger Plural auf -es

Eine Verwechslungsmöglichkeit von Singular und Plural besteht bei Wörtern griechischen Ursprungs auf -is. Sie bilden den Plural auf -es.

crisis – Krise	*crises* – Krisen
thesis – These	*theses* – Thesen

(ebenso *synthesis, parenthesis, analysis*)

Dagegen bleiben Singularformen auf -es auch im Plural -es.

series – Serie, Reihe	*series* – Serien, Reihen
species – Art, Sorte	*species* – Arten, Sorten

Seite 106

10 Übungssätze

1 For some students school is just a means to make a career.

2 Many thanks for your kind letter.

3 His knowledge of English is poor.

4 Englishmen seldom lift their hats in the street.

5 The boys entered the classroom with their caps in their hands.

6 On my birthday I was in high spirits.

7 I think the surroundings of Stratford-upon-Avon are really beautiful.

8 Save our souls (SOS).

9 I must take my glasses to the optician's because they are broken.

10 This book is a danger to public morals.

11 There are several ironies here.

12* In the fifties coloured immigrants from the Commonwealth greatly eased the labour shortage.

13* Today, a generation assumes new responsibilities in a world threatened still by ancient hatreds. (Clinton)

14* The existing élites managed to politicize the African masses.

15* Let us resolve to make our government a government for our tomorrows, not our yesterdays. (Clinton)

11 Englische Zeiten in der deutschen Übersetzung

Insgesamt gesehen bieten die englischen Zeiten bei der Übersetzung ins Deutsche keine allzu großen Schwierigkeiten. Wichtige Ausnahmen sind folgende:

a) Die *progressive form*

Sie wird im Englischen verwendet, um den Verlauf oder die Dauer einer Handlung zu betonen. Diesen dem Englischen eigentümlichen Aspekt kann man im Deutschen durch Hinzufügung eines Adverbs z. B. *jetzt, nun, gerade, gegenwärtig, heute, eben* wiedergeben.

Beispielsätze

1	Don't disturb me. I'm working.	Stör mich nicht. Ich arbeite gerade/bin gerade bei der Arbeit.
2	I'm coming!	Ich komme schon/bin schon unterwegs.
3	Tom was going to school when the accident happened.	Tom war gerade auf dem Weg zur Schule, als sich der Unfall ereignete.

Das *present progressive* kann auch auf die **Zukunft** bezogen sein. Es wird dann mit deutschem **Präsens** wiedergegeben.

I'm leaving for London tomorrow.	Ich reise morgen nach London.

b) Das *future*

Das *future* kann in vielen Fällen mit einem **deutschen Präsens** übersetzt werden.

Beispielsätze

1	Tomorrow I shall go to town.	Morgen gehe ich in die Stadt.
2	This year school holidays will begin much later than last year.	Dieses Jahr beginnen die Schulferien viel später als letztes Jahr.

Das *future perfect* (Futur II) entspricht häufig einem deutschen *Präsens* oder *Perfekt*.

Beispielsätze

1	Next Easter I shall have been five years at this school.	Nächste Ostern bin ich fünf Jahre auf dieser Schule.
2	By the end of the year I'll have drunk all the bottles.	Bis zum Jahresende habe ich alle Flaschen geleert.

c) Das *present perfect (progressive)*

Das *present perfect (progressive)* beschreibt eine Handlung, die in der Vergangenheit begann und an die Gegenwart heranreicht oder in dieser noch andauert. Ausdrücke wie *today, this week, this year* etc. weisen auf diesen nicht völlig abgeschlossenen Zeitraum hin. In manchen dieser Sätze zieht das Deutsche eine Übersetzung in der **Gegenwart + schon** vor.

Beispielsätze

1	I have been in England for six months.	Ich bin schon ein halbes Jahr in England.
2	He has been living with his aunt for two years.	Er lebt schon zwei Jahre bei seiner Tante.
3	We have been back home since Saturday.	Wir sind seit Samstag wieder zu Hause.

aber:

1	Have you ever been to the USA?	Warst du schon einmal in den USA?
2	He has become a lawyer.	Er ist Rechtsanwalt geworden.

11 Übungssätze

Seite 107

1 We've been here for two hours.
2 I have lived / have been living in New York since 1970.
3 I have known you for years.
4 I'm seeing her this afternoon.
5 When they were having breakfast the doorbell rang.
6 My parents will come, too.
7 I 'll have finished my homework by four o'clock.

8 Will that do?

9 Tomorrow week, we shall have been in Germany for exactly five years.

10* For years we have had advocates of harsh punishment on one side and those who want to attack the root causes on the other.

12 Der Konjunktiv

a) Der englische Konjunktiv

Der Konjunktiv besitzt im Englischen nur drei vom Indikativ abweichende Formen.

1) 3. Person Singular des Präsens der Vollverben **ohne -s,**
2) *be* für alle Personen des Präsens von *to be,*
3) *were* für alle Personen des *past tense* von *to be.*

Im Deutschen steht meist ebenfalls der **einfache Konjunktiv.**

as it were: sozusagen

Beispielsätze

1	God save the Queen.	Gott erhalte die Königin.
2	God bless America.	Gott segne Amerika.
3	Be that as it may, we cannot tell them the truth.	Wie dem auch sei, wir können ihnen nicht die Wahrheit sagen.
4	If I were you, I should do it.	Wenn ich du wäre / An deiner Stelle würde ich es tun.

An Stelle dieses **reinen Konjunktivs** findet sich im Englischen auch ein **zusammengesetzter** bzw. mit Hilfsverben wie *may, might, could, must, should, would* umschriebener **Konjunktiv**. Im Deutschen steht manchmal der **Indikativ**.

Beispielsätze

1	That may be true.	Das mag wahr sein / ist vielleicht wahr.
2	We supposed that he might not be at home.	Wir nahmen an, dass er vielleicht nicht zu Hause war.
3	I should be very glad if you could show me the way.	Ich wäre sehr froh, wenn Sie mir den Weg zeigen könnten.
4	He should have done it.	Er hätte es tun müssen.
5	He said it so that you would not be disappointed.	Er sagte es, damit du nicht enttäuscht bist.
6	He did not do it lest some-body should object.	Er hat es nicht getan, damit niemand Einwände erhebt.
7	We were afraid lest we should be too late.	Wir fürchteten, dass wir zu spät kämen.

Das nur noch in formellem und literarischem Englisch gebräuchliche *lest* heißt im Allgemeinen *dass nicht, damit nicht;* nach Verben des Fürchtens *(to fear, to be afraid, to be frightened)* heißt *lest* jedoch *dass.*

b) Der deutsche Konjunktiv

Im Gegensatz zum Englischen steht in der **indirekten Rede** im Deutschen der Konjunktiv. Das Deutsche hat dabei eigene Konjunktivformen (z. B. *er sei, könne, habe, komme, bliebe*). Die Formen des Konjunktivs Imperfekt *(hätte, würde, käme)* werden nur verwendet, wenn der Konjunktiv nicht vom Indikativ zu unterscheiden ist (z. B. *dass ich komme* und *ich komme*). Diese Konjunktivformen werden dabei unabhängig von der Zeitform des Einleitungssatzes verwendet.

Überblick: Zeiten in der indirekten Rede

Hauptsatz Present / Präsens	**Nebensatz**	
He says Er sagt,	***he eats a lot.*** er *esse* viel.	**(Gleichzeitigkeit)**
He says Er sagt,	***he ate a lot.*** er *habe* viel *gegessen.*	**(Vorzeitigkeit)**
He says Er sagt,	***he will eat a lot.*** er *werde* viel *essen.*	**(Nachzeitigkeit)**

Hauptsatz Past / Präteritum	**Nebensatz**	
He said Er sagte,	*he ate a lot.* er *esse viel.*	**(Gleichzeitigkeit)**
He said Er sagte,	*he had eaten a lot.* er *habe* viel *gegessen.*	**(Vorzeitigkeit)**
He said Er sagte,	*he would eat a lot.* er *werde* viel *essen.*	**(Nachzeitigkeit)**

Beispielsätze

1	He wrote to me that he couldn't come.	Er schrieb mir, dass er nicht kommen könne.
2	He says he's a doctor and lives in Dover.	Er sagt, er sei Arzt und wohne in Dover.
3	She said that she would come herself.	Sie sagte, dass sie selbst kommen werde.
4	She told me she had never seen him.	Sie erzählte mir, sie habe ihn nie gesehen.

5	I asked him if he had been ill.	Ich habe ihn gefragt, ob er krank gewesen sei.
6	They asked if we had heard the cry.	Sie fragten, ob wir den Schrei gehört hätten.

12 Übungssätze

Seite 107

1 God be with you.

2 Long live the King!

3 If she came I should be very glad.

4 Though she be / may be / is older than me, I shall marry her.

5 He told us that he had no money.

6* Together with our friends and allies, we will work to shape change, lest it engulf us. (Clinton)

7* The necessary advance of the African masses could not be achieved overnight, so the thinking ran in Whitehall. The Africans must now begin their slow progress towards self-government.

13 Die Umschreibung mit *to do*

Ihnen ist die Problematik der Umschreibung mit *to do* seit dem ersten Jahr Englischunterricht bekannt. Sie wissen, dass man *to do* in fragenden und verneinten Sätzen mit Vollverben im Englischen verwendet. Sie haben auch gelernt, dass diese Struktur dem Deutschen unbekannt ist und bei der Übersetzung unberücksichtigt bleibt.

Die Parallelität endet jedoch bei der **emphatischen Verwendung** von *to do* im bejahten Aussagesatz. Hier hat *to do* verstärkende Funktion und muss somit im Deutschen durch Ausdrücke wie *aber, doch, wirklich, überhaupt, tatsächlich, in der Tat, von Herzen* wiedergegeben werden.

Beispielsätze

1	Do come in.	Kommen Sie doch herein.
2	They did play well	Sie spielten wirklich gut.
3	I am amazed that he did complete his latest novel.	Ich bin erstaunt, dass er seinen letzten Roman überhaupt beendet hat.
4	The pro-marketeers did spread an irresponsibly optimistic picture of British EC memberships.	Die Befürworter des EG-Beitritts verbreiteten tatsächlich ein unverantwortlich optimistisches Bild der britischen Mitgliedschaft in der EG.

Seite 108

13 Übungssätze

1 Do stop talking about her.

2 We did have a wonderful time together.

3 You do look tired.

4 I do wish that I could help you.

5* The Founding Fathers evidently believed that a shared political philosophy was more important than linguistic unity – nowhere does the U. S. Constitution provide for an official language, though citizens of the infant republic certainly spoke tongues other than English.

6* India's decision in 1949 to become a republic meant that the British sovereign was no longer head of state there. India did, however, accept the British monarch "as Head of the Commonwealth".

14 Englisches Verb – deutsches Adverb

Eine Reihe englischer Verben, nach denen ein Infinitiv, ein Gerundium oder ein Nebensatz steht, lässt sich im Deutschen weitaus flüssiger durch ein entsprechendes **Adverb** wiedergeben.

Beispielsätze

1	That woman you are talking to just happens to be my wife!	Die Frau, mit der Sie gerade sprechen, ist zufällig meine Frau.
2	It is a remark that is likely to offend some of our friends.	Das ist eine Bemerkung, die wahrscheinlich einige unserer Freunde beleidigen wird.
3	Some students are apt to arrive late in the morning.	Einige Studenten / Schüler kommen morgens gern zu spät.
4	The shop used to open on Sundays.	Früher öffnete der Laden sonntags.
5	I came to understand what she meant.	Allmählich begriff ich, was sie meinte.
6	I have come to see a solution to the problem.	Jetzt sehe ich eine Lösung für das Problem.
7	I begin to understand why he is so cross with me.	Allmählich begreife ich, warum er mir so böse ist.
8	She is fond of reading detective novels	Sie liest gern Kriminalromane.
9	He is not expected to be elected President of the U.S.	Er wird voraussichtlich nicht zum Präsidenten der Vereinigten Staaten gewählt werden.

10	I'm afraid I won't be back by 6 o'clock.	Leider werde ich nicht bis sechs Uhr zurück sein.
11	I shall love to see you again.	Ich werde Sie sehr gern wiedersehen.
12	He is sure to return.	Sicherlich wird er zurückkommen.
13	I hope I'll be on time	Hoffentlich werde ich pünktlich sein.
14	They like to act plays they have written themselves.	Sie spielen gerne Stücke, die sie selbst geschrieben haben.
15	They prefer watching TV.	Sie sehen lieber fern.

Überblick

englisches Verb	deutsches Adverb
to appear to	offenbar, anscheinend
to be afraid that	leider
to be apt to	leicht, gern
to be going to	gerade
to be fond of	gern
to be liable to	leicht
to be likely to	wahrscheinlich
to be said to	angeblich
to be sorry that	leider
to be sure to	sicherlich
to begin to	allmählich
to cease to/doing	nicht mehr
to come to	allmählich, nach und nach
to continue to/doing	weiter, dauernd, immer
to expect to	voraussichtlich

englisches Verb	deutsches Adverb
to fail to	nicht
to finish by	schließlich
to go on doing	weiter, dauernd, immer
to grow to	allmählich, nach und nach
to happen to	zufällig
to hate doing	nicht gern, ungern
to have come to	jetzt, heute, inzwischen
to hope to	hoffentlich
to keep (on) doing	ständig, andauernd, immer wieder
to like to	gern
to love to	sehr gern
may / might	vielleicht
to prefer to	lieber
to seem to	anscheinend
to suppose / to be supposed to	wohl, vermutlich, sollen
to tend to	leicht, gern
used to	früher

14 Übungssätze

Seite 108

1 I suppose he's ill.

2 You may ask yourself if that was correct.

3 Gatsby fails to realize the destructiveness of time.

4 I'm sorry to say that you are wrong.

5 This seems to be a special case.

6 The German Democratic Republic has ceased to exist.

7 She kept asking questions.

8 Their proposition appears to be most promising.

9 Children are liable to be noisy at play.

10 In Northern Ireland Catholics are Blacks who happen to have white skins.

11 People continued to come in large numbers from the countryside to work in the factories.

12 Industrialization grew to spread from Britain to Europe and America during the 19th century.

13* One attraction of the city appears to be the greater number of choices it offers residents in work, recreation, and social contacts.

14* Within the city many people tend to live in neighbourhoods or communities that resemble small towns, where they have families, friends, and relatives.

15* Having built a Europe that is open for business, politicians must now create a Europe for consumers, for the unemployed, and for all those likely to be hurt by the inevitable shrinkage of the welfare state – in short, a Europe for people.

15 Aktiv und Passiv

Das Aktiv schildert einen Vorgang vom Standpunkt des Handelnden, d. h. des Subjekts. Anders das Passiv: Es schildert den Vorgang vom Standpunkt dessen, an dem die Handlung sich vollzieht, also des Akkusativobjekts des Aktivsatzes. Das Passiv lässt also das Objekt schärfer hervortreten.

Formen des Passivs

Einfache Formen		**Zusammengesetzte Formen**	
Infinitiv Präsens	***to be asked*** gefragt werden	Infinitiv Perfekt	***to have been asked*** gefragt worden sein
Präsens	***I am asked*** ich werde gefragt	Perfekt	***I have been asked*** ich bin gefragt worden

Einfache Formen		Zusammengesetzte Formen	
Präteritum	***I was asked*** ich wurde gefragt	Plusquam- perfekt	***I had been asked*** ich war gefragt worden
Futur I	***I shall be asked*** ich werde gefragt werden	Futur II	***I shall have been asked*** ich werde gefragt worden sein
Konditional I	***I should be asked*** ich würde gefragt werden	Konditional II	***I should have been asked*** ich wäre gefragt worden

Von den „**Dauerformen**" (progressive forms) sind lediglich die des Präsens und des Präteritums gebräuchlich.

Präsens	***I am being asked*** ich werde (gerade) gefragt	Präteritum	***I was being asked*** ich wurde gerade gefragt.

Im Englischen kennt man zwar die Konstruktion *one* + Aktiv, jedoch wird sie selten verwendet. Dagegen erfreut sich das Passiv großer Beliebtheit. Das hat zwei Gründe:

- **Erstens** werden eine Reihe von Verben transitiv verwendet, die im Deutschen intransitiv sind, d. h. sie lassen – im Gegensatz zum Deutschen – ein persönliches Passiv zu (z. B. *to answer, to believe, to command, to contradict, to follow, to precede*).
- **Zweitens** werden auch Verben oder längere verbale Wendungen mit Präposition bisweilen passivisch verwendet: (z. B. *to ask for, to depend on, to look for, to speak to, to wish for;* außerdem: *to take care of* – sorgen für, *to take notice of* – beachten, *to take possession of* – in Besitz nehmen, *to find fault with* – tadeln, *to get/lay hold of* – ergreifen, *to make fun of* – sich lustig machen über, *to pay attention to* – beachten, *to make use of* – gebrauchen).

Beispielsätze

1	England is protected by the sea	England wird durch das Meer geschützt.
2	The house is being built.	Das Haus wird zur Zeit gebaut.
3	Jamestown was founded in 1607.	Jamestown wurde 1607 gegründet.
4	The cart was drawn by a horse.	Der Karren wurde von einem Pferd gezogen.
5	The door was shut.	Die Tür war / wurde geschlossen.
6	The bridge was being repaired when a train passed.	Die Brücke wurde gerade ausgebessert, als ein Zug vorbeifuhr.
7	He got punished.	Er wurde bestraft.
8	There is nothing to be done.	Da ist nichts zu machen.
9	How is this to be explained?	Wie lässt sich das erklären?
10	We were shown the rooms.	Man zeigte uns die Zimmer.
11	They were followed by a black car.	Ihnen folgte ein schwarzes Auto.
12	I was allowed to enter.	Man ließ mich / Ich durfte eintreten.
13	The pupils were taught to obey orders.	Den Schülern wurde beigebracht, Anordnungen zu befolgen.
14	At the stadium we were joined by some friends.	Am Stadion schlossen sich uns einige Freunde an.
15	I was sent a parcel by my mother.	Mir wurde von meiner Mutter ein Paket geschickt.

16	The child was looked for.	Es wurde nach dem Kind gesucht. / Man suchte nach dem Kind.
17	She will be well taken care of.	Man wird sich gut um sie kümmern.
18	The problem of immigration must be more closely looked into.	Das Einwanderungsproblem muss genauer untersucht werden.
19	The football match is thought to have been postponed.	Das Fußballspiel ist vermutlich verschoben worden / soll verschoben worden sein.
20	He is supposed to have already marked all the essays.	Angeblich hat er bereits alle Aufsätze korrigiert / Er soll bereits … korrigiert haben.

Hinweise zu den Beispielsätzen

1 In den Sätzen 1-7 entspricht dem englischen **Passiv** ein **Passiv** im Deutschen. Jedoch ist bei der Übersetzung auf den Unterschied zwischen Zustands- und Vorgangspassiv zu achten. Vergleichen Sie den doppeldeutigen Satz 5. Ein eindeutiger Vorgang liegt vor, wenn die Verlaufsform (*being built* Satz 2) verwendet, der Urheber der Handlung (*by the horse* Satz 4) genannt oder *to be* durch *to get* (Satz 7) ersetzt wird.

2 Der Infinitiv Passiv wird im Deutschen häufig durch einen **Infinitiv Aktiv** (Satz 8-9) wiedergegeben.

3 Bei transitiven englischen Verben, denen ein deutsches intransitives Verb entspricht, greift das Deutsche auf eine Übersetzung mit *man, es* oder einen **Dativ** (Satz 10-15) zurück. Dasselbe gilt für Verben mit Präposition (Satz 16-18).

4 Verben des Sagens und Denkens wie *to say, to believe, to think, to suppose, to report* werden im Passiv im Deutschen verbal mit *sollen* oder mit Adverbien wie *angeblich* oder *vermutlich* wiedergegeben.

Seite 108

15 Übungssätze

1 The window is opened.

2 He got killed in an accident.

3 That is much to be wished for.

4 That is not to be despised.

5 He cannot be relied on.

6 We have been promised new books.

7 The question was raised as to whether the opening-hours of pubs should be changed.

8 The mistake has not been found.

9 The situation will have to be put up with.

10 The boy did not answer when he was spoken to.

11 Sanitation is provided by portable toilets.

12 Like their drug-abusing parents, these babies will be well looked after.

13 What is yet to be determined is the impact these shifts will have on Texas.

14* The fierce emotions are still more puzzling when the economic benefits of undocumented labour are taken into account.

15* Clinton is believed to preview a major package of welfare reforms as part of his State of the Union address in January.

16 Infinite Verbformen

Eine charakteristische Eigenart im Englischen ist die bevorzugte Verwendung von infiniten Verbformen wie **Infinitiven, Gerundien** und **Partizipien.** Diese Konstruktionen dienen der Satzverkürzung und der strafferen Formulierung. Im Deutschen erfolgt dagegen die Satzerweiterung meist durch Nebensätze, d. h. durch Gliederung der Vorstellungen in kleinere selbständige Einheiten mit eigenem Prädikat.

a) Infinitiv

Formen

	Aktiv	Passiv
Präsens	***to open*** öffnen	***to be opened*** geöffnet werden
Perfekt	***to have opened*** geöffnet haben	***to have been opened*** geöffnet worden sein

Das Englische verfügt über vielfältige Möglichkeiten, einen Infinitiv zu verwenden. Diesem entspricht im Deutschen

- häufig ein **Nebensatz,**
- zuweilen ein **Verbalsubstantiv,**
- seltener ein **Infinitiv.**

Beispielsätze

1	He was the first to appear and the last to go.	Er war der erste, der erschien, und der letzte, der ging.
2	She's the only pupil to answer the question.	Sie ist die einzige Schülerin, die eine Antwort auf die Frage gab.
3	I don't know what to do.	Ich weiß nicht, was ich tun soll …

4	Show me how to open the door.	Zeigen Sie mir, wie man die Tür öffnen kann.
5	Mum went to the butcher's to buy some meat.	Mutter ging zum Metzger, um etwas Fleisch zu kaufen.
6	He's still too weak to go for a walk.	Er ist noch zu schwach, um einen Spaziergang zu machen.
7	Be so good as to borrow me your pencil.	Seien Sie so gut und leihen Sie mir Ihren Bleistift.
8	I'm absolutely enraged to think of it.	Ich rege mich fürchterlich darüber auf, wenn ich daran denke. / Bei dem bloßen Gedanken daran rege ich mich fürchterlich auf.
9	We were ready to depart.	Wir waren zur Abreise bereit.
10	He knew himself to be wrong.	Er wusste, dass er im Unrecht war.
11	I wish him to become a teacher.	Ich möchte gerne, dass er Lehrer wird.
12	England expects everyone to do his duty.	England erwartet, dass jedermann seine Pflicht tut.
13	I waited for the train to arrive.	Ich wartete auf die Ankunft des Zuges.
14	She spoke too quickly for me to understand her.	Sie sprach zu schnell, als dass ich sie verstehen konnte.
15	What remains to be done?	Was bleibt noch zu tun?
16	There is no time to be lost.	Es ist keine Zeit zu verlieren.
17	The children were seen to jump on the train.	Man sah, wie die Kinder auf den Zug sprangen.

18	The pupils weren't allowed to play football in the schoolyard.	Man ließ die Schüler nicht auf dem Schulhof Fußball spielen.
19	He is thought to be a liar.	Man hält ihn für einen Lügner.
20	He is said to have died last week.	Er soll letzte Woche gestorben sein.

Hinweise zu den Beispielsätzen

1 Einem englischen Infinitiv nach Superlativen wie *first, last, only, best, next, fastest* entspricht ein deutscher Relativsatz (Sätze 1–2).

2 Ein englischer Infinitiv nach Fragewörtern wie *what, where, whether, when, why, how* wird durch einen indirekten Fragesatz (oft mit *können* oder *sollen*) übersetzt (Sätze 3–4).

3 Ein englischer Infinitiv steht an Stelle eines deutschen Nebensatzes der Absicht (*um zu)*, der Folge (*um zu* + Infinitiv oder *und* + Hauptsatz), des Grundes (*dass*), der Bedingung (*wenn*) oder eines Verbalsubstantivs (*Spaziergang, Abreise*) (Sätze 5–9).

4 Ein direktes Objekt + Infinitiv nach Verben des Sagens und Denkens sowie der Willensäußerung entspricht im Deutschen zumeist ein Nebensatz mit *dass*, seltener ein Infinitivsatz (Sätze 10–12).

5 Die Präposition *for* + direktes Objekt + Infinitiv wird im Deutschen durch einen Nebensatz (*dass, als dass*) oder substantivisch wiedergegeben, wenn es sich um zwei verschiedene Subjekte handelt. Bei ein und demselben Subjekt ist im Deutschen eine Infinitivkonstruktion notwendig (Sätze 13–14).

6 Hat der passive Infinitiv im Englischen passive Bedeutung, so wird im Gegensatz zum Deutschen vor allem nach *to be, to remain, to leave* auch eine passive Verbform verwendet (Sätze 15–16).

7 Der englische Nominativ mit dem Infinitiv (N. c. I.) in passiven Sätzen kann im Deutschen nur selten übernommen werden. Gewöhnlich ist eine Übersetzung mit *man* + Aktiv erforderlich.

to be said = sollen (Sätze 17-20).

Redewendungen mit Infinitiv

englisch	deutsch
not to mention	abgesehen von, ganz zu schweigen von
so to say	sozusagen
so to speak	sozusagen
to be quite frank	um ehrlich zu sein
to be sure	sicherlich
to be short	um mich kurz zu fassen, kurz
to begin with	zunächst einmal, um es gleich zu sagen
to cut / make a long story short	kurz und gut
to cut the matter short	um mich kurz zu fassen, kurz
to hear him talk	wenn man ihn reden hört
to judge from his looks	seinem Aussehen nach
to say nothing of	ganz zu schweigen von, gar nicht zu reden von
to speak frankly	um offen zu reden
to speak strictly	genau genommen
to sum up	zusammenfassend, um (es) zusammenzufassen
to take an example	um ein Beispiel herauszugreifen
to tell the truth	um die Wahrheit zu sagen, um ehrlich zu sein

16 Übungssätze zum Infinitiv

Seite 109

1 There is nothing to be done.

2 There was nothing to be had.

3 It is to be doubted whether he will come.

4 It would be a pity to throw the book away.

5 Would you be so kind as to post my letter?

6 He deserves to be taught a lesson.

7 We suppose her to be in London this summer.

8 I taught them how to pronounce this word properly.

9 She did not tell me where to go.

10 I can't bear to be laughed at.

11 The pupil was told to leave the room.

12 The novel is, to begin with, a big failure.

13* China's desire for Hong Kong to remain an economic success has been accompanied by a determination to curb its freedoms.

14* The Conservatives published plans for people to use private insurance and pensions to pay for care in old age.

15* Because she is so eager to see the marriage dissolved, the queen is believed to be willing to help out her son financially.

b) Gerundium

Das Gerundium wird sowohl verbal als auch substantivisch gebraucht. Es erlaubt dem englischen Sprecher, sich besonders klar und anschaulich auszudrücken. Neben dem Verbalsubstantiv *(the building, houses, a good beginning, a loud barking, the teachings of history),* welches im Allgemeinen für die deutsche Übersetzung keine Probleme darstellt, wird das eigentliche Gerundium zumeist im Deutschen als **Infinitiv, Nebensatz** oder **(Verbal-)Substantiv** wiedergegeben.

Beispielsätze

1	Swimming is healthy.	Schwimmen ist gesund.
2	Smoking is forbidden.	Rauchen verboten.
3	There is no denying the fact that I am wrong.	Es lässt sich nicht leugnen, dass ich Unrecht habe.
4	His hobby is playing table-tennis.	Sein Hobby ist Tischtennis(spielen).
5	I couldn't help laughing.	Ich musste einfach lachen.
6	I have done writing letters.	Ich habe meine Korrespondenz erledigt.
7	I prefer reading to writing.	Ich lese lieber als dass ich schreibe.
8	I remember having seen him.	Ich erinnere mich daran, ihn gesehen zu haben.
9	I don't mind waiting.	Es macht mir nichts aus zu warten.
10	I have the pleasure of introducing you to my friend.	Ich habe das Vergnügen, Sie meinem Freund vorstellen zu dürfen. / Sie mit meinem Freund bekannt zu machen.
11	We are interested in settling the matter.	Wir sind daran interessiert, die Angelegenheit beizulegen / zu regeln. / Wir sind an einer Beilegung / Regelung der Angelegenheit interessiert.
12	He is proud of having such a son.	Er ist stolz auf einen solchen Sohn / stolz darauf, solch einen Sohn zu haben.
13	We are not used to being kept waiting.	Wir sind nicht daran gewöhnt, dass man uns warten lässt.

14	He succeeded in winning a prize.	Es gelang ihm, einen Preis zu gewinnen.
15	On entering the house, we noticed the disorder in the rooms.	Als wir das Haus betraten, / Beim Betreten des Hauses merkten wir die Unordnung in den Zimmern.
16	In spite of working very hard, he failed his exam.	Obwohl er hart arbeitete, / gearbeitet hatte, / Trotz seiner harten Arbeit bestand er sein Examen nicht.
17	When seeing me, he stopped short.	Als er mich sah / Bei meinem Anblick blieb er stehen.
18	Before going to bed, we were busy doing our lessons.	Bevor wir zu Bett gingen, lernten wir eifrig unsere Lektionen.
19	After coming home, we had dinner.	Nachdem wir nach Hause gekommen waren, / Nach unserer Rückkehr aßen wir zu Abend.
20	In spite of agreeing to your plan, I accept no responsibility.	Obwohl ich Ihrem Plan zustimme, / Trotz meiner Zustimmung zu Ihrem Plan übernehme ich keine Verantwortung.
21	Excuse my / me interrupting you.	Entschuldigen Sie, wenn ich Sie unterbreche.
22	He insisted on their / them going home.	Er bestand darauf, dass sie nach Hause gingen.
23	He objected to his wife / wife's wearing her new dress.	Er war dagegen, dass seine Frau ihr neues Kleid trug.
24	He insisted on the boys / boys' doing their duty.	Er bestand darauf, dass die Jungen ihre Pflicht taten.
25	I relied on the train arriving in time.	Ich verließ mich darauf, dass der Zug rechtzeitig ankommen würde. / auf die rechtzeitige Ankunft des Zuges.

Hinweise zu den Beispielsätzen

1 Als Subjekt (Sätze 1-3), Prädikatsnomen (Satz 4), Objekt (Sätze 5-9) und nach Substantiven, Adjektiven und Verben mit Präpositionen (Sätze10-14) wird das Gerundium im Deutschen mit dem **Infinitiv** oder als **Verbalsubstantiv** übersetzt.
Beachten Sie vor allem auch folgende Ausdrücke:

englisch	deutsch
there is no	es lässt sich nicht, man kann nicht
it is no good (use)	es nützt nichts
I cannot help	ich kann nicht umhin
I have done (finished) with	ich bin fertig mit
it is worth (worth while)	es ist (der Mühe) wert

2 Das Gerundium nach Konjunktionen (Sätze 15-20) entspricht einem deutschen Nebensatz:

englisch	deutsch
after	nachdem
before	bevor
on (upon)	als
with the purpose of	in der Absicht / um zu (+ Infinitiv)
in spite of, despite	trotz (+ Substantiv), obwohl
in case of	falls
instead of	anstatt
without	ohne zu, ohne dass
in / by / by means of	dadurch dass, durch

a) Nach *after* (Satz 19) zieht das Englische das Gerundium im Präsens vor. Im Deutschen muss dennoch normalerweise der Nebensatz im **Plusquamperfekt** stehen.

b) In folgenden Sätzen ist die Präposition weggefallen:

A new edition is preparing.	Eine neue Auflage ist in Vorbereitung.
The church is building.	Die Kirche ist im Bau.

c) Manche mit Präposition eingeleiteten Gerundien werden zuweilen flüssiger mit **Präposition + Verbalsubstantiv** übersetzt:

In getting into/on ...	Beim Einsteigen in ...
In dealing with ...	Bei der Behandlung von ...
On reaching ...	Bei (meiner) Ankunft in ...

3 Das Gerundium kann zuweilen ein eigenes Subjekt haben. Dieser Träger der Handlung wird bei **Personen** durch ein Possessivpronomen (Sätze 21-22 *my, their*) oder dem -s-Genitiv des Substantivs (Sätze 23-24 *wife's, boys'*), **bei Personen und Sachen** durch den Akkusativ des Substantivs bzw. des Personalpronomens (Sätze 21-26 *me, them, wife, boys, train*) ausgedrückt. Im Deutschen entspricht dieser Konstruktion in der Regel ein **Nebensatz mit „dass",** wobei das **Subjekt des Gerundiums,** auch wenn es ein Possessivpronomen ist oder im Genitiv oder Akkusativ verwendet wird, zum **Subjekt des Nebensatzes** wird.

16 Übungssätze zum Gerundium

Seite 109 →

1 Living is fighting.

2 Learning is a necessary investment for success.

3 It is no good discussing this question any longer.

4 That is running a great risk.

5 I remember having heard about this.

6 Have you done packing?

7 We have always been fond of travelling abroad.

8 She was angry at finding the door locked.

9 You can rely on his being discreet.

10 I'm surprised at having received an invitation for the party.

11 She complains of being underpaid.

12 He was punished for having betrayed his country.

13 She denied having done it.

14 The teacher insisted on the exercise-books being handed in.

15 I insisted on him opening the letter.

16 From our first meeting each other we were inseparable friends.

17 By trying again and again, you will succeed.

18 After spending some time at the seaside they returned home.

19* The Clinton plan will anger many on the right for guaranteeing basic health-care for 37 million Americans who do not have health-insurance.

20* Despite research showing that the average child sees something like 8,000 murders by the time he is 21 the link between entertainment and behaviour is as complex as the human mind.

c) Partizip

Formen

		Präsens	Perfekt
Aktiv		***opening***	***having opened***
	wörtlich:	öffnend	geöffnet habend
Passiv		***being opened***	***having been opened***
	wörtlich:	geöffnet werdend	geöffnet worden seiend

Die Partizipien sind Verbaladjektive, d. h. sie sind teils verbaler, teils adjektivischer Natur. Wie der Infinitiv und das Gerundium bietet das Partizip der englischen Sprache die Möglichkeit, sich knapp und präzise auszudrücken. Das Deutsche verwendet das Partizip nur als Verbaladjektiv bei Verben der Bewegung (z. B. tanzend, springend, lachend, weinend). Auf jeden Fall sollten Sie im Deutschen Formulierungen wie „gehend" vermeiden. Stattdessen kann man Partizipien im Deutschen oft mit **Nebensätzen** ausdrücken.

Beispielsätze

1	Shouting children	Schreiende Kinder
2	A refreshing drink	Ein erfrischendes Getränk
3	A well-read candidate	Ein belesener Kandidat
4	A burnt child fears the fire.	Ein gebranntes Kind scheut das Feuer.
5	They came rushing in.	Sie kamen hereingerannt.
6	They went fishing.	Sie gingen fischen / zum Fischen.
7	We sat thinking.	Wir saßen da und dachten nach / saßen nachdenklich da.
8	She looked puzzled.	Sie sah verwirrt aus.
9	I saw the boy beating the dog.	Ich sah, wie der Junge den Hund schlug.
10	I saw the dog beaten.	Ich sah, wie der Hund geschlagen wurde.
11	I saw a door opening.	Ich sah, wie sich eine Tür öffnete.

12	You must have your hair cut.	Du musst dir die Haare schneiden lassen.
13	Won't you get this book bound?	Willst du dieses Buch nicht binden lassen?
14	He entered the room, taking off his hat.	Er betrat das Zimmer und nahm seinen Hut ab, / indem / wobei er seinen Hut abnahm.
15	The number of young people arming themselves is rapidly increasing.	Die Anzahl der jungen Leute, die sich bewaffnen, steigt rasch an.
16	Ireland is a country entirely cut off by the sea.	Irland ist ein Land, das völlig durch das Meer abgetrennt ist.
17	Hearing the bad news, he ran home at once.	Als er die schlechte Nachricht hörte, lief er sofort nach Hause.
18	Having forgotten my purse, I had to borrow some money.	Da ich meinen Geldbeutel vergessen hatte, musste ich mir etwas Geld leihen.
19	Seeing me, he stopped talking.	Bei meinem Anblick / Als er mich sah / Da er mich sah, hörte er auf zu reden.
20	He lay there as if sleeping.	Er lag da, als ob er schliefe.
21	Though seeing us, he did not come over to say hello.	Obwohl er uns sah, kam er nicht herüber um uns zu begrüßen.
22	The weather being bad, we preferred staying at home.	Wegen des schlechten Wetters / Da das Wetter schlecht war, blieben wir lieber zu Hause.

23	My work being finished, I went for a walk.	Da / Als meine Arbeit beendet war, / Nach Beendigung meiner Arbeit machte ich einen Spaziergang.
24	Judging from his appearance, he must be ill.	Nach seinem Aussehen zu urteilen, muss er krank sein.
25	Weather permitting, we shall go on an excursion tomorrow.	Wenn es das Wetter erlaubt, werden wir morgen einen Ausflug machen.
26	The mountain top being reached, we enjoyed a wonderful view.	Als der Berggipfel erreicht war, genossen wir eine wunderschöne Aussicht.
27	The trial did not last long, the defendant having confessed the crime.	Die Gerichtsverhandlung dauerte nicht lange, weil der Angeklagte das Verbrechen eingestanden hatte.
28	The motion was defeated with Britain among the countries voting "no".	Der Antrag wurde abgelehnt, wobei Britannien zu den Staaten gehörte, die mit „Nein" stimmten.
29	She did not have the courage to put her hat on with her husband watching her.	Sie hatte nicht den Mut, den Hut aufzusetzen, während ihr Mann sie beobachtete.
30	With the weather being foggy, the plane was not able to take off.	Da es neblig war, konnte das Flugzeug nicht starten.

Hinweise zu den Beispielsätzen

1 Das Partizip als Attribut (Sätze 1–4) bietet im Allgemeinen keine Übersetzungsschwierigkeiten. Gewöhnlich werden solche Formulierungen im Deutschen ebenfalls **attributiv** wiedergegeben. Beachten Sie jedoch die deutsche Bedeutung folgender englischer Formulierungen:

englisch	deutsch
a well paying job	eine gut bezahlte Arbeitsstelle
a visiting day	ein Besuchstag
a working girl	ein berufstätiges Mädchen
the working hours	die Arbeitsstunden
a sleeping partner	ein stiller Teilhaber

a) Erweiterte Formulierungen übersetzt man im Deutschen als **Apposition, Relativsatz** oder als **vorangestelltes Partizip:**

Nobel Prize winning physicist R. Yalow	Die Physikerin R. Yalow, Gewinnerin des Nobelpreises,
the northern based textiles industries	die im Norden angesiedelte Textilindustrie
The most talked about policeman	der Polizist, über den man am häufigsten redet,
a greasy-haired guy	ein Bursche mit speckigen Haaren

b) Die **Nachstellung** des *past participle* in einer Reihe von Ausdrücken kann im Deutschen nur als **vorangestelltes Partizip** wiedergegeben werden:

englisch	deutsch
the people concerned	die betroffenen Leute
the person addressed	die angesprochenen Personen
the politician mentioned	der erwähnte Politiker
an invitation just come	eine gerade eingetroffene Einladung
all articles produced	alle hergestellten Arikel

2 Dem Partizip als Prädikatsnomen (Sätze 5–13) entspricht im Deutschen ein **Infinitiv,** ein **Partizip,** oder ein **Objektsatz** mit **dass** oder **wie.** Beachten Sie auch die Übersetzung von *to have / get sth done* (Sätze 12–13) mit **lassen.** Bisweilen muss man jedoch auf eine **passivische Konstruktion** zurückgreifen:

He had his arm amputated. Ihm wurde der Arm abgenommen.

3 Das verbundene Partizip (verbunden heißt, dass das Subjekt des Partizips mit dem Subjekt des Hauptsatzes identisch ist) kann manchmal durch einen mit **und** angeschlossenen **Hauptsatz** (Satz 14) oder durch **Nebensätze** wiedergegeben werden.

4 Als **Nebensätze** kommen entweder **Relativsätze** (Satz 15–16) oder **Adverbialsätze** (Sätze 17–21) in Frage. Letztere können je nach Sinn im Deutschen temporal (oft mit Konjunktionen wie *when* – **als,** *while* – **während**), kausal (*as* – **als**), konzessiv (*though, although* – **obwohl**), konditional (*if* – **wenn**, *unless* – **wenn nicht**), komparativ (*as if, as though* – **wie wenn, als ob**) oder modal (**indem, wobei**) wiedergegeben werden. Zuweilen ist mehr als eine Übersetzung möglich.

5 Das unverbundene Partizip (Sätze 22–27), d. h. ein Partizip mit eigenem Subjekt, entspricht in der Regel einem deutschen **Adverbialsatz.**

6 Verbundene und unverbundene Partizipien werden in manchen Fällen (Sätze 19, 22, 23) im Deutschen prägnanter und kürzer durch präpositionale Wendungen (z. B. **bei, wegen, nach**) wiedergegeben.

7 Beachten Sie auch folgende feststehende Redewendungen:

englisch	deutsch
honestly speaking	ehrlich gesagt
generally speaking	allgemein
roughly speaking	ungefähr

englisch	deutsch
properly speaking	genau genommen
strictly speaking	genau genommen
judging from	zu urteilen nach
supposing	angenommen
excepting	ausgenommen
considering	in Anbetracht / wenn man in Betracht zieht
seeing that	angesichts der Tatsache, dass
allowing for the fact	wenn man berücksichtigt

8 Die Konstruktion *with* + Partizip (Sätze 28–30) bereitet zumeist größere Schwierigkeiten, da die Verwendung von *with* hier irreführend ist. Die Konstruktion ist in ihrer Bedeutung vielfältig. Je nach Kontext ist sie durch einen Adverbialsatz mit ***wobei, wenn, da, heutzutage wo, damals als*** zu ersetzen.

Seite 110

16 Übungssätze zum Partizip

1 an amusing story

2 the visiting team

3 a travelling alarm-clock

4 Austrian born child psychologist B. Bettelheim

5 I could hear my heart beating.

6a I have our photos developed.
6b I have developed our photos.

7 In the crowd I had my purse stolen.

8 Not knowing where we were, we asked a stranger to show us the way.

9 This done, he left the room.

10 The country is like a desert, its only wealth being copper.

11 Walking through the street the other day, we came to a poor quarter.

12 While spending our holidays in England, we met our neighbours.

13 Willing or not, we must do something about it.

14 He gave up learning Chinese, the language being so difficult.

15 In the USA the number of southerners living in poverty has decreased.

16* an unending supply of non-unionised, low-paid seasonal labour from South America

17* With almost all the defendants relying on scarce legal aid resources, most are represented by incompetent lawyers.

18* Only 7 percent of the Korean-Americans surveyed plan to leave America altogether.

19* Today, a generation raised in the shadow of the Cold War assumes new responsibilities in a world warmed by the sunshine of freedom but threatened still by ancient hatreds and new plagues. (Clinton)

17 Das Relativpronomen

Bei der Übersetzung des Relativpronomens ins Deutsche können folgende Schwierigkeiten auftreten:

a) Wegfall des englischen Relativpronomens

Überblick über die Verwendung des Relativpronomens

	Person	Sache
Subjekt	*who / that*	*which / that*
Objekt	*who(m) / that / – – –*	*which / that / – – –*

Die Akkusative der vier Relativpronomen *who, whom, which, that* können in notwendigen Relativsätzen *(contact clauses)* weggelassen werden. Diese Relativsätze enthalten eine für die Gesamtaussage des Satzes notwendige Ergänzung. Sie werden ohne Komma verwendet. Für den deutschen Übersetzer ergibt sich die Schwierigkeit, den Wegfall des Relativpronomens zu erkennen und in die deutsche Übersetzung einzufügen (Sätze 1–3). Tritt im *contact clause* zum Relativpronomen eine Präposition *(from, in, of, to, with)* hinzu, so wird diese nachgestellt (Sätze 4–6).

Beispielsätze

1	Show me the letter_you have written.	Zeig mir den Brief, den du geschrieben hast.
2	Believe not all_you hear.	Glaube nicht alles, was du hörst.
3	The man_you see over there is my uncle.	Der Mann, den du dort drüben siehst, ist mein Onkel.
4	There is the house_we live in.	Dort ist das Haus, in dem wir wohnen.
5	That's the same girl_I spoke to last night.	Das ist dasselbe Mädchen, mit dem ich gestern Abend gesprochen habe.
6	That is the only fact_we can rely on.	Das ist die einzige Tatsache, auf die wir uns verlassen können.

Beachten Sie:
Auch *present participle* oder *past participle* Konstruktionen können im Deutschen mit einem Relativsatz übersetzt werden.

Beispielsätze

1	The number of young people_arming themselves is reaching huge proportions.	Die Zahl der jungen Leute, die sich bewaffnen, erreicht ungeheure Ausmaße.
2	Pressure grows from voters_frightened by such a tide of violence.	Wähler, die von solch einer Welle der Gewalt erschreckt sind, üben wachsenden Druck aus.

b) Das Relativpronomen *which*

Das Relativpronomen *which* kann sich nicht nur auf ein einzelnes Substantiv, sondern auch auf den Inhalt des ganzen Satzes beziehen. In diesem Fall steht vor *which* ein Komma. Im Deutschen entspricht dem *which* in dieser Funktion ein ***was.***

Beispielsätze

1	I asked him to bring me some water, which he willingly did.	Ich bat ihn, mir etwas Wasser zu bringen, was er bereitwillig tat.
2	She met nobody at home, which somewhat surprised her.	Sie hat niemanden zu Hause angetroffen, was sie etwas überraschte.

Bisweilen entscheidet allein das **Komma,** ob *which* sich auf das vorausgehende Substantiv oder auf den ganzen Satz bezieht. Vergleichen Sie:

1	At university he had to attend a lot of courses which he didn't like.	Auf der Universität musste er viele Kurse belegen, die ihm nicht gefielen.
2	At university he had to attend a lot of courses, which he didn't like.	Auf der Universität musste er viele Kurse belegen, was ihm nicht gefiel.

c) Das Relativpronomen *who* als Subjekt oder Objekt

Da sich im modernen Englisch die Form *who* (= **wen**) statt des älteren *whom* immer mehr durchsetzt, kann es zur Verwechslung *who* (= **wer**) und *who* (= **wen**) kommen, wenn man nicht genau auf die Wortfolge achtet. Vergleichen Sie:

1	The lady who you met here yesterday was Mrs Jones.	Die Dame, die du gestern hier getroffen hast, war Mrs Jones.
2	The lady who met you here yesterday was Mrs Jones.	Die Dame, die dich gestern hier getroffen hat, war Mrs Jones.

Seite 111

17 Übungssätze

1 The ring_my mother had lost was found on the carpet.

2 The prisoner denied the crime_he was accused of.

3 This was the moment_we had been waiting for.

4 We had to spend the night in the open air, which was to be expected.

5* In the film "City Hall", an idealistic mayor investigates the murder of a police officer and begins to understand the compromises_government officials make each day.

1 Abiturtexte Grundkurs

Baden-Württemberg Text 1

Seite 112

After the disintegration of the Soviet Union as the last empire the world is more anarchic and perhaps even more dangerous than it used to be. The smaller powers are rearming rapidly: it is only the major powers that are still disarming after the end of the Cold War. That will probably prove to be a short-term phase. There is likely to be a return to alliances which are chiefly concerned with security; Nato has been downgraded as compared to the European Community, but that will probably reverse itself, as both Europe and America become aware of the complexity and danger of the world after the fall of the Soviet empire.

In the meantime we have no strategy. The Cold War provided a world discipline. Everyone knew where the spheres of influence had been drawn; nations knew how far they could go. Now there is no sense of defined boundaries either of geography or of action. The United States is the only power which could develop a new strategy. So far there has been no sign of either the will or the capacity to do so. (187 words)

From: *The Times, February, 1994*

Bayern Text 1

Seite 114

As computers have become more deeply embedded into the routine of daily living, they have become the symbol and the direct producers of material progress. The new machine is cutting costs of production and providing new goods and services. The new computer-controlled account systems have greatly expanded credit and increased convenience and are at present on the verge of rendering money totally unnecessary. The average individual has inevitably begun to view the new machine as not merely a provider of new wealth but as the very symbol of Progress in the future. The fear and mistrust of the mechine are being replaced by a sense of power and confidence. Certainly the secretary whose work output has increased, the warehouse worker who now maintains better control of inventory, and the clerk who retrieves data more efficiently have all felt a greater sense of confidence; computers have enabled them to better control their work environments. (154 words)

From: *Computers and the Idea of Progress*

Seite 116

Bayern Text 2

Accounts indicate that British race relations are following the American pattern, although not identical to it. Charges of police brutality and insensitivity are common and commissions were formed to make recommendations. Publicly supported schools have been overwhelmed by the challenge of educating youths who speak a foreign language and were socialized in an alien culture. Except for those professionals who immigrated, non-Whites, especially West Indian youths, suffer higher unemployment rates. Militancy among immigrants has grown, in a trend reminiscent of American Black nationalism.

For the first time in its long history Britain is experiencing the growth of a non-White population born in England. These youths do not know any other home but Great Britain. Will they fare better than their parents? The American experience suggests that the answer is yes. Successive generations are likely to be more thoroughly assimilated and thus more acceptable to White Britons. Assimilation is not easy, however, and the conflict between Asian and West Indian parents and their British-born offspring is already apparent. (169 words)

From: *R. T. Schaefer, Racial and Ethnic Groups, 1990*

2 Abiturtexte Leistungskurs

Baden-Württemberg Text 1

Seite 118

In the United States the political debate about immigration has always been marked by vigorous calls for restriction. The most ardent advocates of this policy are often children of immigrants who wear their second-generation patriotism outwardly and aggressively. This position forgets that it was the labor and efforts of immigrants – often the parents and grandparents of today's restrictionists – that made much of the prosperity of our nation possible. Even the fiercest xenophobes have had a hard time arguing that turn-of-the-century groups such as Italian and Polish peasants or the much attacked Chinese and Japanese had a long-term negative effect on the country. Instead, these now successful and settled groups are presented as examples, but exception is taken to the newcomers. There is irony in the spectacle of Americans who bear clear marks of their immigrant origins being among the most vocal adversaries of continuing immigration. Consequences of heeding their advice would be serious however. Although regulation and control of the inflow from abroad are always necessary, suppressing it would deprive the nation of what has been so far one of its main sources of energy, innovativeness, and growth. (191 words)

From: *Portes/Rumbaut (1990)*

Baden-Württemberg Text 2 (Berufliche Gymnasien)

Seite 120

Europe's oil industry has won the first round of a battle with the motor industry over who should pay billions of dollars for costly measures to protect the environment.

According to managers close to a European research programme, early test results prove that the motor industry, and not the oil industry, should bear the brunt of laws aimed at improving air quality.

If confirmed, the results could save the major oil companies as much as $ 500 million each, because investment would not be needed in refineries to produce cleaner fuels. Instead, car and truck companies would have to shoulder the responsibility of meeting the new green goals.

For the motor and oil industries, the research is an opportunity to settle an age-old dispute over who takes the blame for the pollution in Europe's cities. The motor industry argued that the oil industry was to blame for supplying fuel of inconsistent standards and for failing to remove harmful compounds, such as sulphur, which hinder efforts to make the engines cleaner.

The oil industry retorted that investing in engine technology was a far more effective route to cutting emissions than massive investments in refineries. (194 words)

Adapted from: *The Guardian, Nov. 5, 1994*

Seite 112

Bayern Text 1

"The young child's attempts to master the age-appropriate fears of monsters under the bed are severely undermined when the child needs to sleep under the bed to dodge real bullets or attempt to screen out the violent fights of his or her care-givers." That is from a recent article in *The Journal of the American Medical Association,* which reported a survey of elementary school-age children in New Orleans. And a study at Boston City Hospital found 10 percent of the children treated in the pediatric clinic have witnessed a shooting or stabbing before they are six.

Boston City Hospital's youngest patients often ask why the adults in their lives – parents, teachers, police – can't keep them safe. Physicians and social workers regard as a treatable health problem the consequences of traumatically learning at an early age that the world is dangerous and unpredictable. A child who learns early to fear the world is apt to lose his or her natural proclivity for exploration of the world. Such a child may need to be taught how to participate in normal play that other children learn naturally when growing up where peace prevails. Because we are apt to parent as we are parented, many unwed mothers need to be taught – and are movingly eager to learn – about talking, playing and reading with children. (223 words)

From: *Newsweek, 29 March 1993*

3 Literarisches Schwerpunktthema Baden-Württemberg (ab 1997/1998)

(G. B. Shaw, Pygmalion)

Beispieltext

Seite 124

Though Eliza was incapable of explaining to herself Higgins's formidable powers of resistance to the charm that prostrated Freddy at the first glance, she was instinctively aware that she could never obtain a complete grip of him, or come between him and his mother (the first necessity of the married woman). To put it shortly, she knew that for some mysterious reason he had not the makings of a married man in him, according to her conception of a husband as one to whom she would be his nearest and fondest and warmest interest. Even had there been no mother-rival, she would still have refused to accept an interest in herself that was secondary to philosophic interests. Had Mrs. Higgins died, there would still have been Milton and the Universal Alphabet. Landor's remark that to those who have the greatest power of loving, love is a secondary affair, would not have recommended Landor to Eliza. Put that along with her resentment of Higgins's domineering superiority, and her mistrust of his coaxing cleverness in getting round her and evading her wrath when he had gone too far with his impetuous bullying, and you will see that Eliza's instinct had good grounds for warning her not to marry her Pygmalion. (209 words)

From: *G. B. Shaw, Pygmalion (Act V Sequel)*

Lösungsvorschläge zu den Teilen 2 und 3

KEY Lösung KEY Lösung KEY Lösung KEY Lösung

A WORTSCHATZ

1 Das Fremdwort

1 der Urtext der gesammelten Werke Shakespeares – 2 ein vorherrschendes Thema der amerikanischen Geschichte – 3 Er ist ein bekanntes Mitglied der Londoner Gesellschaft. – 4 die herkömmliche Neigung von Amerikanern, im Hinblick auf die Zukunft zuversichtlich zu sein – 5 Das Jahr 1776 war ein epochemachendes / denkwürdiges Datum beim Aufbau der amerikanischen Nation. – 6 die Nachahmung des Verfahrens, Edelmetalle herzustellen – 7 die politische Lage der Bundesregierung – 8 die Grundlage der britischen Wirtschaft – 9 eine ungeheure Entfernung zurücklegen – 10 Dieser Grundsatz der Interpretation ist kennzeichnend für die zeitgenössische Literatur.

2 *False Friends*

1 Die Vorlesung / der Vortrag war so interessant, dass er sich eine Menge Notizen machte / viel mitschrieb. – 2 Er ist selbst sein strengster Kritiker. / Er kritisiert sich selbst am meisten. – 3 Wovon reden Sie eigentlich? – 4 Letztes Jahr gab es die erschütternde Zahl von 1826 Morden in der Stadt New York, und seit 1975 ist die Zahl der Raubüberfälle sprunghaft um 22 Prozent angestiegen. – 5 Man hat der Veröffentlichung des Buches und der sich daraus ergebenden öffentlichen Diskussion besondere Aufmerksamkeit gewidmet. – 6 Was ist die Bedeutung dieser / Was bedeutet diese Redewendung? – 7 Die Lehrer haben sehr viel Zeit mit nutzlosen Diskussionen vertan. – 8 Es wurde klar, dass die Tories (Konservativen) die Wahlen voraussichtlich gewinnen würden/die voraussichtlichen Gewinner der Wahlen sein würden. – 9 Die Königin winkte den Zuschauern freundlich zu, als sie vorbeifuhr. – 10 Die Miete ist der Geldbetrag, den man regelmäßig für ein Haus oder eine Wohnung bezahlt. – 11 Ich werde dir / Ihnen / zur Bestätigung / eine Quittung schicken, / um zu bestätigen /, dass ich von dir / Ihnen Geld erhalten habe. – 12 Es bestehen nur geringe Aussichten auf eine Erhöhung des Kindergeldes. – 13 Sie haben keine Altersvorsorge getroffen. – 14 Du hast / ihr habt / Sie haben ver-

nünftig gehandelt. – 15 Ich kann dich / Sie / euch nicht für deine / eure / Ihre Reaktion tadeln. – 16 Er ist eine der verständnisvollsten Personen, die ich jemals kennen gelernt habe. – 17* Er zeigte großes Verständnis für / Mitgefühl gegenüber Männern mit jungen Familien, die immer noch im Atomkraftwerk in Sellafield arbeiteten. – 18* Die Einwanderer der zweiten Generation sind oft gehemmt auf Grund ihrer ethnischen Herkunft und weigern sich ihre Muttersprache zu verwenden. – 19* Die tapferen Amerikaner, die unsere Nation am Persischen Golf, in Somalia und wo immer sie sonst noch stationiert sind, dienen, bezeugen unsere Entschlossenheit. – 20* Als die Westinder schließlich beschlossen sich zu verteidigen, entbrannte ein offener Kampf zwischen Schwarzen und Weißen.

3 Verwechselbare Wörter

1 Ein Bürgermeister vertritt / repräsentiert die Stadt bei besonderen Anlässen. – 2 Sie erwies sich als sparsame Haushälterin. – 3 Eine wörtliche Übersetzung ist nicht immer möglich. – 4 Manchmal ziehen die Leute einen umgangssprachlichen Stil / die Umgangssprache einem literarischen Stil vor. – 5 Während der Amtszeit der Regierung Thatcher verschlechterten sich die Beziehungen zwischen Arbeitgebern und Gewerkschaften ziemlich. – 6 Der Erfolg der japanischen Industrie beruht in hohem Maße auf dem Fleiß des japanischen Arbeiters. – 7 Nick Carraway spielt die Rolle des unvoreingenommenen / neutralen Beobachters in *The Great Gatsby.* – 8 Sie war ziemlich uninteressiert an ihm / Ihr Interesse an ihm war recht gering (hielt sich in Grenzen), da er langweilig wirkte. – 9 In unserer Schule werden gerade Reparaturen durchgeführt. – 10 Computer können das Leben der Menschen stark beeinflussen. – 11 Wir haben uns neben unsere Freunde gesetzt. – 12 Außer uns konnte niemand der Unterhaltung folgen. – 13 Ein Roman ist ein längeres Werk der Erzählliteratur / in Prosa. – 14* Zum Glück gab es keine größeren Unruhen, aber Bradford und Brixton vermittelten uns einen flüchtigen Einblick in die Art von gesellschaftlicher Unzufriedenheit, wie sie / die keiner von uns wünscht. – 15* Die wirtschaftliche und politische Debatte über die Vorzüge einer vollen EWS-Mitgliedschaft wird nun zunehmen / wird sich nun verschärfen. (EWS = **E**uropäisches **W**ährungs**s**ystem)

KEY Lösung KEY Lösung KEY Lösung KEY Lösung

4 „Vorsicht Falle"

1 Trotz all ihrer Probleme ist sie immer noch fröhlich. – 2 Wir werden uns mit Ihrer Kritik zu gegebener Zeit befassen. – 3 Wegen mir brauchst du deine Pläne nicht ändern. – 4 Ich habe ihn in letzter Zeit nicht gesehen. – 5 Ich bin keineswegs über dein Verhalten erfreut. – 6 Er wird eine bedeutende Rolle bei den kommenden/nächsten Wahlen spielen. – 7 Soweit ich weiß, sind sie reich. – 8 Erwähne unter allen Umständen meinen Namen, wenn du dich um den Arbeitsplatz bewirbst. – 9 Irgendwann wird er eine Entscheidung treffen müssen. – 10 Eine gerechte Gesellschaft muss erst noch geschaffen werden. – 11 Der Schüler hat viel für sein Abitur gearbeitet, doch er hat die Hauptprüfungen nicht bestanden. – 12 Was ist mit deinen Büchern aus der Bibliothek? Hast du sie schon zurückgegeben? – 13 Er ist schon seit zwei Wochen/zwei Wochen lang krank, aber trotzdem muss er für das Samstagsspiel in guter Verfassung sein. – 14 Die Situation war praktisch/geradezu eine Katastrophe. – 15 Wir haben uns noch nicht entschieden, unsere Ansicht über Ihre Vorschläge ist jedoch positiv. – 16 Beliebtheit, wie stark und weitverbreitet sie auch immer sein mag, kann sich im Handumdrehen/im Nu in Nichts auflösen. – 17 Bis zum Ausbruch des Ersten Weltkrieges regierten in Europa weitgehend Monarchien. – 18* Die heutigen Jugendlichen sind eine Welt für sich. Statt zu protestieren, machen viele einen resignierten und schicksalsergebenen Eindruck. Die Jugendlichen sind vor allem durch die Arbeitslosigkeit entmutigt. – 19* Die Menschen können die Vorstellung nicht so einfach akzeptieren, dass die einzige Möglichkeit, ihren angenehmen Lebensstandard zu erhalten, geschweige denn ihn weiter zu verbessern, darin besteht, großzügiger zu spenden. – 20* Mehrere Institutionen haben versucht, in dem Nord-Süd-Dialog zu vermitteln. Zuerst appellierten sie an die Menschenfreundlichkeit/Menschlichkeit und den guten Willen. Doch da man auf solche Bitten/solches Ersuchen nicht einging, argumentieren sie nun mit eigenem Interesse.

Exkurs: *very* als Adjektiv

1 Das Haus wurde bis auf die Grundfesten erschüttert. – 2 Dies waren seine eigenen Worte. – 3 Er zitterte beim bloßen Namen/schon beim Namen seines Gegners. – 4 Er war das genaue Ebenbild seines Vaters. – 5* Thomas Jefferson glaubte, dass wir uns, um die elementarsten Grundlagen unserer Nation zu erhalten, von Zeit zu Zeit einem dramatischen Wandel unterziehen müssten.

5 *English Idioms*

A

1 von Kopf bis Fuß – 2 Ich bin an der Reihe. – 3 Es war einmal ... – 4 mit bloßem Auge – 5 mit dem Strom schwimmen – 6 Plauderei, oberflächliche Konversation – 7 Er lachte sich ins Fäustchen. – 8 eine Abkürzung – 9 zur Neige gehen, knapp werden – 10 etwas zum Verkauf anbieten – 11 ganz unangebracht sein – 12 Es ist mir alles einerlei/gleich/egal. – 13 Bleiben Sie bei der Sache! – 14 bis auf weiteres – 15 soviel ich weiß – 16 bis über die/beide Ohren in Schulden stecken – 17 Nehmen Sie sich Tee! – 18 Sie machte/schlug ihm die Tür vor der Nase zu. – 19 Es ist ein Tropfen auf den heißen Stein. – 20 sein Englisch auffrischen

B

1 stock-/erz-/durch und durch konservativ – 2 seine Verbrechen gestehen – 3 den Vorsitz übernehmen – 4 Mit den besten Wünschen zum Fest! (Weihnachten und Neujahr) – 5 die Fassung (Haltung) bewahren – 6 Mich überläuft eine Gänsehaut. – 7 einander spinnefeind sein, mit jemandem auf Kriegsfuß stehen. – 8 Die Würfel sind gefallen. – 9 ein Haar in der Suppe – 10 aufs falsche Pferd setzen – 11 das Pferd am Schwanz aufzäumen – 12 im Gänsemarsch gehen – 13 ins Gras beißen – 14 Gleich und Gleich gesellt sich gern. – 15 Lieber den Spatz in der Hand als die Taube auf dem Dach. – 16 Er hat sich Hals über Kopf (unsterblich) in dieses Mädchen verliebt. – 17 zwei Fliegen mit einer Klappe schlagen – 18* Was ich nicht weiß, macht mich nicht heiß. – 19* Eulen nach Athen tragen. – 20* Wo gehobelt wird, (da) fallen Späne.

6 Deutsche Füllwörter

1 Solange man lebt, besteht noch/auch Hoffnung. – 2 Irgendwie werden wir das schon regeln. – 3 Das war recht/ziemlich dumm! – 4 Das ist es ja gerade! – 5 Ich denke doch! – 6 Das bringen wir schon in Ordnung. – 7 Machen Sie doch nicht so viel Aufhebens davon! – 8 Es wird allmählich brenzlich/ungemütlich. – 9 Wofür halten Sie mich eigentlich? – 10* Jahrelang predigen diese Rapper doch schon Drogenkultur und Gewalt. Aber jetzt tragen sie ihren Lebensstil geradezu offen zur Schau, und das wird eine verheerende Wirkung auf unsere Jugend haben.

7 Amerikanismen

1 „Ihr müsst gute Noten haben, wenn ihr aufs College gehen wollt", bemerkte der Schulleiter. – 2 Schüler wenden im Allgemeinen für Hauptfächer mehr Zeit auf als für Nebenfächer. – 3 Der Bus war pünktlich / hatte eine halbe Stunde Verspätung. – 4 Nach der Grundschule besuchen die Schüler die Highschool (Oberschule). Sie besteht aus den Klassen 9 bis 12. – 5 Der Finanzminister ist der Leiter des Finanzministeriums. – 6 Man trägt einen Smoking bei formellen Abendgesellschaften. – 7 Jeden Kurs kann man als Wahlfach nehmen. – 8 Trotz der Hitze, der U-Bahnprobleme, des Drecks und des Gestanks zieht uns die Stadt New York in ihren Bann. – 9 In dem Maße wie / Als die Eisenbahn ihre Geschwindigkeit, ihre Dienstleistungen und ihre Sicherheit verbesserten, ging es mit anderen Transportsystemen bergab. – 10 Wir werden eine Menge Kartoffelchips, Erdnüsse und einige Dosen Ginger Ale benötigen. – 11 Von den 30 führenden Unternehmen der Welt sind 24 amerikanische. – 12 Obwohl die Handtasche noch ziemlich neu ist, ist der Reißverschluss leider kaputt. – 13* Sobald die Einberufung (zum Wehrdienst) und die Bedrohung durch den Vietnamkrieg aufhörte, kehrten die Hochschulen sozusagen zur Normalität zurück. – 14* Er hat einen tollen amerikanischen Film, nämlich „Jenseits von Eden", gesehen. Er zeigt die Anfänge des Ackerbaus in Kalifornien und erwähnt die erste Verwendung von Kühlwagons. – 15* Die Abmachung würde es verlangen, dass ITT sich aus Unternehmen mit einem Jahresumsatz von mindestens einer Milliarde Dollar zurückzieht.

8 Vorsilben

1 Während der Vorkriegsjahre verfolgten die Vereinigten Staaten eine Isolationspolitik. – 2 Bei dem Verkehrsunfall blieb das Auto fast unbeschädigt. – 3 Bei schwarzen und weißen Amerikanern ist eine Heirat untereinander immer noch eine Ausnahme / Mischehen zwischen … sind … – 4 Die Rede ist in den Medien falsch dargestellt worden. – 5 Wir sollten Gegenmaßnahmen ergreifen. – 6 Die Zeitschrift erscheint alle zwei Monate. – 7 Sie schüttelten ungläubig den Kopf. – 8 Es ist vollkommen unverantwortlich, sie in dieser Lage allein zu lassen. – 9 Manche Menschen glauben an übernatürliche Kräfte. – 10 Vielleicht bekommt er seinen alten Arbeitsplatz wieder, wenn er Glück hat. – 11 Die Temperaturen von heute liegen unter dem Durchschnitt. – 12 Man kann die weitere Entwicklung der deutsch-englischen Beziehungen nicht vorhersagen. –

13* Sie konnten ihr Auto nicht finden, weil sie es in einem Park-(hoch)haus (mehrstöckigen Parkhaus) abgestellt hatten. – 14* Die Verwendung von Einwegflaschen (Flaschen, die man nicht zurückgeben kann) trägt nicht zum Schutz der Umwelt bei. – 15* Während der Vorführung bewegten sich die Tänzerinnen plötzlich gegen den Uhrzeigersinn / nach links.

B GRAMMATIK

9 Die Artikel

1 Die Technik ist so weit fortgeschritten, dass sie die Natur zu zerstören droht. – 2 Es ist besser, als _Held zu sterben denn als _Feigling zu leben. – 3 Dies war eine zu kleine Belohnung für einen so großen Dienst. – 4 Das ist eine ziemliche Überraschung. – 5 Als _Junge spielte ich gern Fußball. – 6 Ich habe die doppelte Zeit/doppelt so lange gebraucht. – 7 Mein Bruder beschloss, _Politiker zu werden. – 8 Er verbrachte einen Teil seines Lebens in der Türkei und im Libanon. – 9 Die Krise Amerikas ist das Verbrechen/die Kriminalität. – 10 Der Zug fuhr 80 Meilen in der Stunde. – 11 _Schweren Herzens verabschiedete sie sich. – 12 Eine Menge Leute sind heute zur Kirche gegangen. – 13 Meine Frau ist _Katholikin/katholisch. – 14* In *Lord of the Flies (Herr der Fliegen)* zeigt Ralph, dass gute Absichten und ein Eintreten für die gesellschaftliche Ordnung nicht genügen, um einen Rückfall in die Barbarei zu verhindern. – 15* Jack zeigt uns, dass Grausamkeit und Machtgier allzu leicht die Oberhand gewinnen.

10 Singular und Plural der Substantive

1 Für manche Schüler ist die Schule lediglich ein Mittel, um Karriere zu machen. – 2 Vielen Dank für Ihren freundlichen Brief. – 3 Seine Englischkenntnisse sind dürftig. – 4 Engländer ziehen auf der Straße selten den Hut. – 5 Die Jungen betraten das Klassenzimmer mit der Mütze in der Hand. – 6 An meinem Geburtstag war ich in gehobener Stimmung. – 7 Ich glaube, die Umgebung von Stratford-upon-Avon ist wirklich wunderschön. – 8 Rettet unser Leben. – 9 Ich muss meine Brille zum Optiker bringen, weil sie gebrochen ist. – 10 Dieses Buch ist eine Gefahr für die öffentliche Moral. – 11 Es gibt hier mehrere Beispiele von Ironie. – 12* In den fünfziger Jahren verringerten farbige Einwanderer aus dem Commonwealth weitgehend den Mangel an Arbeitskräften. – 13* Heute übernimmt eine Generation neue Pflichten in einer Welt, die immer noch durch tiefverwurzelte/überkommene Hassgefühle bedroht ist. – 14* Den vorhandenen Eliten gelang es, die afrikanischen Massen politisch aufzurütteln. – 15* Beschließen wir, unsere Regierung zu einer Regierung für unsere Zukunft/für unsere zukünftigen Tage, nicht für unsere Vergangenheit/für unsere vergangenen (Tage) zu machen.

11 Englische Zeiten in der deutschen Übersetzung

1 Wir sind schon zwei Stunden hier. – 2 Ich wohne schon seit 1970 in New York. – 3 Ich kenne dich schon jahrelang. – 4 Ich gehe mit ihr heute Nachmittag aus. – 5 Als sie gerade frühstückten, klingelte es an der Tür. – 6 Meine Eltern kommen auch / werden auch kommen. – 7 Bis spätestens um vier bin ich mit den Hausaufgaben fertig / habe ich ... beendet. – 8 Genügt das? – 9 Morgen in einer Woche sind wir genau fünf Jahre in Deutschland. – 10* Schon seit Jahren gibt es bei uns einerseits Befürworter einer strengen Bestrafung und andererseits diejenigen, die die eigentlichen Ursachen / das Problem an den Wurzeln bekämpfen wollen.

12 Der Konjunktiv

1 Gott sei mit euch. – 2 Lang lebe der König. – 3 Wenn sie käme, wäre ich sehr glücklich. – 4 Mag sie auch älter als ich sein / Auch wenn sie älter als ich ist, werde ich sie heiraten. – 5 Er sagte uns, er habe kein Geld. – 6* Zusammen mit unseren Freunden und Verbündeten werden wir daran arbeiten, eine Veränderung zu gestalten, damit sie uns nicht verschlingt / verschlinge. – 7* Den notwendigen Fortschritt der afrikanischen Massen könne man nicht über Nacht erreichen, so dachte man in Whitehall. Die Afrikaner müssten nun ihr langsames Fortschreiten / ihre langsame (Weiter-)Entwicklung hin zur Selbstverwaltung beginnen.

13 Die Umschreibung mit *to do*

1 Hört doch auf, über sie zu reden. – 2 Wir hatten wirklich eine wunderbare Zeit miteinander. – 3 Du siehst aber müde aus. – 4 Ich wünsche sehr / von Herzen, ich könnte dir helfen. – 5* Die Gründungsväter glaubten offensichtlich, dass eine gemeinsame politische Grundüberzeugung wichtiger sei als sprachliche Einheit – nirgendwo sieht die amerikanische Verfassung in der Tat eine offizielle Sprache vor, obwohl Bürger der jungen Republik gewiss außer Englisch noch andere Sprachen verwendeten. – 6* Indiens Entscheidung im Jahre 1949, Republik zu werden, bedeutete, dass der britische König dort nicht länger Staatsoberhaupt war. Aber dennoch erkannte Indien den britischen Monarchen als „Oberhaupt des Commonwealth" an.

14 Englisches Verb – deutsches Adverb

1 Er wird wohl krank sein/Vermutlich ist er krank/Er soll krank sein. – 2 Vielleicht fragst du dich einmal, ob das richtig war. – 3 Gatsby erkennt nicht die zerstörerische Kraft der Zeit. – 4 Leider muss ich dir sagen, dass du dich irrst. – 5 Das ist anscheinend ein besonderer Fall. – 6 Die Deutsche Demokratische Republik existiert nicht mehr. – 7 Sie stellte andauernd Fragen. – 8 Ihr Vorschlag ist offenbar äußerst vielversprechend. – 9 Kinder werden beim Spielen leicht laut. – 10 In Nordirland sind Katholiken Schwarze, die zufällig eine weiße Hautfarbe haben. – 11 Die Menschen kamen weiterhin in großen Mengen vom Land, um in den Fabriken zu arbeiten. – 12 Während des 19. Jahrhunderts verbreitete sich die Industrialisierung allmählich von Großbritannien auf den Kontinent und nach Amerika. – 13* Ein Anziehungspunkt der Stadt ist anscheinend die größere Anzahl an Wahlmöglichkeiten, die sie den Einwohnern bei der Arbeitssuche, der Freizeitgestaltung und in Bezug auf gesellschaftliche Kontakte bietet. – 14* Innerhalb der Großstadt leben viele Menschen gerne in Wohngegenden oder Siedlungen, die Kleinstädten ähneln, wo sie ihre Familie, Freunde und Verwandte haben. – 15* Nachdem die Politiker ein Europa geschaffen haben, das Freiraum für Geschäfte bietet, müssen sie nun ein Europa für Verbraucher, für die Arbeitslosen und für all diejenigen schaffen, die wahrscheinlich unter der unvermeidbaren Einschränkung des Sozialstaates zu leiden haben – kurz und gut ein Europa für die Menschen.

15 Aktiv – Passiv

1 Das Fenster wird geöffnet. (Das Fenster ist geöffnet: The window is open.) – 2 Er wurde bei einem Unfall getötet. – 3 Das ist sehr zu wünschen. – 4 Das ist nicht zu verachten. – 5 Man kann sich nicht auf ihn verlassen./Auf ihn ist kein Verlass. – 6 Man hat uns neue Bücher versprochen. – 7 Es wurde die Frage aufgeworfen, ob man die Öffnungszeiten der Wirtshäuser ändern sollte. – 8 Der Fehler lässt sich nicht finden. – 9 Mit der Lage werden Sie sich abfinden müssen. – 10 Der Junge antwortete nicht, als man ihn ansprach. – 11 Für Hygiene ist durch tragbare Toiletten gesorgt. – 12 So wie um ihre drogensüchtigen Eltern wird man sich gut um diese Babies kümmern. – 13 Was man noch herausfinden muss, sind die Auswirkungen, die diese Veränderungen auf Texas haben werden. – 14* Die heftigen Gefühlsäußerungen sind noch verwirrender, wenn man die wirtschaftlichen Vorteile der Schwarzarbeit berücksichtigt.

– 15* Clinton wird vermutlich als Teil seines Berichts zur Lage der Nation eine Vorschau auf ein größeres Paket von Sozialreformen geben.

16 Infinite Verbformen

a) Infinitiv

1 Es gibt nichts zu tun. – 2 Es war nicht zu haben. – 3 Es ist zu bezweifeln, ob er kommt. – 4 Es wäre schade, wenn man das Buch wegwerfen würde. – 5 Würden Sie so freundlich sein und meinen Brief einwerfen? – 6 Er verdient es, dass man ihm einen Denkzettel verpasst. – 7 Vermutlich ist sie diesen Sommer in London. – 8 Ich habe ihnen beigebracht, wie man dieses Wort richtig ausspricht. – 9 Sie sagte mir nicht, wohin ich gehen sollte. – 10 Ich kann es nicht ertragen, dass/wenn man mich auslacht/über mich lacht. – 11 Man sagte dem Schüler, er solle das Zimmer verlassen. – 12 Der Roman ist, um es gleich zu sagen, ein großer Misserfolg. – 13* Chinas Wunsch, dass Hongkong weiterhin wirtschaftlichen Erfolg erzielt, wird begleitet von der Entschlossenheit, seine Freiheiten einzuschränken. – 14* Die Konservativen veröffentlichten Pläne, die besagten, dass die Menschen Privatversicherungen und Renten nutzen sollen, um ihre Altersversorgung zu bezahlen. – 15* Weil die Königin nichts so sehnlich wie die Scheidung ihres Sohnes wünscht, soll sie bereit sein, ihn finanziell zu unterstützen.

b) Gerundium

1 Leben heißt kämpfen./Das Leben ist ein Kampf. – 2 Lernen ist unumgänglich/unvermeidlich als Voraussetzung für den Erfolg. – 3 Es hat keinen Sinn, diese Frage noch länger zu erörtern. – 4 Das heißt, viel aufs Spiel zu setzen. – 5 Ich erinnere mich, davon gehört zu haben. – 6 Bist du mit dem Packen fertig? – 7 Wir haben immer gerne Auslandsreisen gemacht. – 8 Es ärgerte sie, dass sie die Tür verschlossen vorfand. – 9 Sie können sich/Du kannst dich darauf verlassen, dass er verschwiegen ist./auf seine Verschwiegenheit verlassen. – 10 Ich wundere mich darüber, dass ich eine Einladung für die Party bekommen habe. – 11 Sie beklagt sich über die schlechte Bezahlung. – 12 Er wurde für den Verrat an seinem Land bestraft. – 13 Sie leugnete/bestritt, es getan zu haben. – 14 Der Lehrer bestand drauf, dass die Hefte abgegeben wurden. – 15 Ich bestand darauf, dass er den Brief öffnete. – 16 Seitdem wir uns das erste Mal begegneten/trafen, waren wir unzertrennliche Freunde. – 17 Wenn

du es immer wieder versuchst, wirst du Erfolg haben. – 18 Nachdem sie einige Zeit am Meer zugebracht hatten, fuhren sie wieder nach Hause. – 19* Der Plan der Clinton-Regierung wird vielen rechtsgerichteten Bürgern missfallen, da er 37 Millionen Amerikanern, die in keiner Krankenversicherung sind, eine grundlegende Gesundheitsreform garantiert. – 20* Obwohl wissenschaftliche Untersuchungen belegen, dass das Kind bis zum Alter von 21 Jahren im Durchschnitt ungefähr 8000 Morde gesehen hat, ist der Zusammenhang zwischen Unterhaltung und Verhalten so vielschichtig wie der menschliche Geist selbst.

c) Partizip

1 eine amüsante/vergnügliche Geschichte – 2 die Gastmannschaft – 3 ein Reisewecker – 4 der in Österreich geborene Kinderpsychologe B. Bettelheim – 5 Ich konnte mein Herz schlagen hören. – 6a Ich lasse unsere Fotos entwickeln. – 6b Ich habe unsere Fotos entwickelt. – 7 In der Menge wurde mir mein Geldbeutel gestohlen. – 8 Da wir nicht wussten, wo wir waren, baten wir einen Fremden, uns den Weg zu zeigen. – 9 Als/Nachdem er dies erledigt hatte,/Danach verließ er den Raum. – 10 Das Land ähnelt einer Wüste, wobei sein einziger Reichtum Kupfervorkommen sind. – 11 Als wir neulich durch die Straßen gingen, kamen wir in ein ärmliches Viertel. – 12 Während wir unsere Ferien in England verbrachten/Während unseres Ferienaufenthaltes in England, trafen wir unsere Nachbarn. – 13 Ob wir wollen oder nicht, wir müssen etwas dagegen unternehmen. – 14 Er hörte auf, Chinesisch zu lernen, da die Sprache so schwierig ist/war. – 15 In den Vereinigten Staaten hat sich die Zahl der Südstaatler, die in Armut leben, verringert. – 16* eine endlose Masse/endloses Heer von südamerikanischen Wanderarbeitern, welche nicht gewerkschaftlich organisiert und unterbezahlt sind. – 17* Da fast alle Angeklagten auf die knappen gesetzlichen Hilfsmittel angewiesen sind, werden die meisten von unfähigen Rechtsanwälten vertreten. – 18* Nur 7 Prozent der befragten Amerikaner koreanischer Herkunft haben die Absicht, Amerika ganz zu verlassen. – 19* Heute übernimmt eine Generation, die im Schatten des Kalten Krieges großgezogen worden ist, neue Verantwortung in einer Welt, welche von der Sonne der Freiheit erwärmt wird aber immer noch durch tief verwurzelte/überkommene Hassgefühle und neue Heimsuchungen bedroht wird.

17 Das Relativpronomen

1 Man fand den Ring, den meine Mutter verloren hatte, auf dem Teppich. – 2 Der Gefangene leugnete das Verbrechen, dessen er angeklagt war. – 3 Dies war der Augenblick, auf den wir gewartet hatten. – 4 Wir mussten die Nacht im Freien verbringen, was zu erwarten war. – 5* In dem Film „City Hall" untersucht ein idealistischer Bürgermeister den Mord an einem Polizeibeamten und versteht allmählich die Kompromisse, die Regierungsbeamte jeden Tag schließen.

KEY Lösung KEY Lösung KEY Lösung KEY Lösung

1 Abiturtexte Grundkurs

Baden-Württemberg Text 1

Nach dem Zerfall (1) der Sowjetunion als des letzten Weltreiches (2) ist die Welt ungeordneter (3) und vielleicht noch (4) gefährlicher als früher (5). Die kleineren Mächte sind im Begriff (6) schnell wieder aufzurüsten: Einzig und allein die Großmächte (7) rüsten nach dem Ende des Kalten Krieges weiterhin ab (8). Das wird sich wahrscheinlich als eine kurzfristige Phase (9) herausstellen (10). Man wird vermutlich zu Bündnissen (11) zurückkehren (12), die sich hauptsächlich mit Sicherheitsfragen (13) befassen (14); die (15) Nato hat verglichen mit (16) der Europäischen Gemeinschaft an Bedeutung (17) verloren, aber das wird sich wahrscheinlich umkehren (18), da sich sowohl Europa als auch (19) Amerika der Vielschichtigkeit (20) und der Gefahr für die Welt (21) nach dem Niedergang des sowjetischen Weltreiches bewusst werden.
In der Zwischenzeit fehlt uns eine Strategie (22). Der Kalte Krieg sorgte für Ordnung in der Welt (23). Jeder wusste, wo die Einflussbereiche aneinander grenzten (24), die Nationen wussten, wie weit sie gehen konnten. Im Augenblick (25) ergibt es keinen Sinn, dass Grenzen geografisch oder durch Maßnahmen festgelegt werden (26). Die Vereinigten Staaten sind (27) die einzige Macht, die eine neue Strategie entwickeln könnte. Bisher gibt es (28) kein Anzeichen (29), dass entweder der Wille (30) oder die Fähigkeit dazu (31) vorhanden ist.

(1) Var.: *Zusammenbruch, Auflösung*
(2) Var.: *Imperiums*, – as the last empire bezieht sich auf of the Soviet Union, deshalb ist der Genitiv *als des … Weltreiches* zu beachten.
(3) Var.: *verworrener, chaotischer, anarchischer*
(4) Var.: *sogar*
(5) Cf. Kap. 14 englisches Verb – deutsches Adverb
(6) Var.: *sind dabei, rüsten gegenwärtig / im Augenblick*; cf. Kap. 11 zur Übersetzung der Dauerformen im Deutschen
(7) Cf. Kap. 3; major: *Haupt-, bedeutend, größer*
(8) Die Formel it is … that wird im Englischen zur Betonung einzelner Satzteile verwendet.

(9) Var.: *(Zeit)abschnitt, Stadium*

(10) Var.: *sich erweisen*; to prove to be nicht mit to prove = *beweisen* verwechseln. Auch folgende freiere Übersetzung ist möglich: *Dieses Stadium ist wahrscheinlich nicht von langer Dauer / nur von kurzer Dauer;* cf. auch Kap. 11 zur Übersetzung des englischen Futurs

(11) Var.: *Bündnissystemen*

(12) Die verbale Formulierung ist im Deutschen stilistisch besser als die wörtliche Übersetzung *es wird ... eine Rückkehr geben.*

(13) security verlangt im Deutschen einen Zusatz; Var.: *mit Sicherheitsproblemen*

(14) Var.: *betreffen, gehen ... um, mit etwas zu tun haben*; to be concerned hat hier aber nicht die Bedeutung *besorgt sein, sich Sorgen machen* usw.

(15) Nato im Gegensatz zum Englischen im Deutschen immer mit bestimmten Artikel

(16) Var.: *im Vergleich zur*

(17) Var.: *an Gewicht verloren*

(18) Var.: *sich ändern, sich ins Gegenteil verkehren*

(19) Beachten Sie die Übersetzung von both ... and; die wörtliche Übersetzung *beide* ist unbedingt zu vermeiden; cf. Kap. 4

(20) Var.: *Kompliziertheit, Komplexität* oder die entsprechenden Adjektive

(21) Var.: *... Amerika der vielschichtigen / komplexen / komplizierten und gefährlichen Lage / Situation / der Welt bewusst werden*

(22) Var.: *Zwischenzeitlich / Bis dahin haben wir keine/sind wir ohne eine ...*

(23) Var.: *schuf eine Weltordnung*

(24) wörtliche Übersetzung im Deutschen stilistisch nicht möglich; Var. mit Einschub eines Wortes: *wo die Grenzen der Einflussbereiche gezogen / festgelegt / gesteckt waren / verliefen*

(25) Var.: *zur Zeit, gegenwärtig*

(26) Var.: *gibt es keinen Sinn für festgelegte / klar umrissene Grenzen, weder in Bezug auf die Geographie noch im Bereich des Handelns*

(27) The United States im Englischen Verb mit Sg.; im Deutschen Pl. *sind*

(28) Im Deutschen Gegenwart; cf. Kap. 11

(29) Var.: *Zeichen, Hinweis*

(30) Var.: *Bereitwilligkeit*

(31) *dazu* ist flüssiger als das wörtlichere *dies zu tun*

KEY Lösung KEY Lösung KEY Lösung KEY Lösung

Bayern Text 1

> In dem Maße wie (1) die Computer immer (2) stärker in den normalen Ablauf (3) des täglichen Lebens eingingen (4), wurden sie zum Inbegriff (5) und zu unmittelbaren Erzeugern des materiellen Fortschritts. Die neue Maschine senkt (6) die Herstellungskosten (7) und schafft neue Waren (8) und Dienstleistungen. Die neuen computergesteuerten Kontoführungssysteme (9) haben das Kreditgeschäft (10) erheblich erweitert (11), die Annehmlichkeiten für den Kunden erhöht (12) und sind gegenwärtig dabei (13), Bargeld völlig überflüssig zu machen. Zwangsläufig (14) sieht der Durchschnittsbürger die neue Maschine allmählich (15) nicht nur als Schöpfer (16) neuen Wohlstandes, sondern auch als das Sinnbild künftigen Fortschritts schlechthin (17) an. Die Furcht vor und das Misstrauen gegenüber der Maschine werden gegenwärtig (18) durch ein Gefühl der Macht und des Vertrauens (19) ersetzt. Sicherlich spüren (20) die Sekretärin, deren Arbeitsleistung zugenommen hat (21), der Lagerarbeiter, der nunmehr einen besseren Überblick über die Bestände (22) hat, und der Angestellte, der Daten schneller (23) abruft, alle ein stärkeres Vertrauen (24); die Computer haben sie in die Lage versetzt (25), ihren Arbeitsbereich (26) besser unter Kontrolle zu halten (27).

(1) as ist hier doppeldeutig; auch die Übersetzung mit kausalem *da* ist denkbar; cf. Kap. 4

(2) Füllwort zur stilistischen Verfeinerung; cf. Kap. 6

(3) Var.: *Normalität, gewohnten Ablauf*

(4) Var.: *einbezogen / eingefügt / verankert wurden,* freier: *Teil … wurden;* auch das Präsens ist im Deutschen möglich: … *eingehen, werden sie* (cf. Kap 11)

(5) Var.: *Symbol, Sinnbild*

(6) Var.: *mindert, verringert, reduziert*

(7) Var.: *Produktionskosten*

(8) Var.: *Güter*

(9) account, Grundbedeutung: *Konto*; Var.: *Bankkontensysteme, Zahlungsverfahren,* freier: *Zahlungsverkehr*

(10) Var.: *Kreditwesen*; die andere Bedeutung von credit = *Ansehen* ist im Zusammenhang des Textes nicht gemeint.

(11) Var.: *sehr / in hohem Maße ausgedehnt*

(12) convenience(s), wörtlich: *Bequemlichkeit, Annehmlichkeiten, Komfort* (cf. a house with all modern conveniences – *ein Haus mit allem [modernen] Komfort*), freiere Übersetzung: *sind verbraucher- / kundenfreundlicher geworden*

(13) to be on the verge of doing sth: *im Begriff sein, etw. zu tun*

(14) Var.: *notgedrungen*

(15) to begin to do sth; cf. Kap. 14

(16) wörtlich *Lieferant*; Var.: obwohl passiver Sinn: *Quelle*

(17) Var.: *als das Sinnbild* (Artikel zum Ausdruck der Betonung unterstrichen); zu very cf. Kap. 2

(18) Cf. Kap. 11

(19) Var.: *Zuversicht*

(20) have … felt im Deutschen unbedingt Präsens (cf. Kap. 11)

(21) Var.: *sich gesteigert hat*

(22) Var.: *Inventar*, freier: *der den Bestand besser verwalten kann*; statt control of inventory ist im Englischen der Ausdruck stock control üblicher.

(23) Var.: *verlässlicher*

(24) Var.: *Zutrauen* (zur Verlässlichkeit des Computers)

(25) Var.: *es ihnen ermöglicht, haben sie dazu befähigt*

(26) Var.: *Arbeitswelt, Tätigkeitsbereich*; zur Übersetzung des Plurals environments cf. Kap. 10

(27) Var.: *zu beherrschen*

KEY Lösung KEY Lösung KEY Lösung KEY Lösung

Bayern Text 2

Berichte weisen darauf hin (1), dass die (2) Beziehungen zwischen den Rassen in Großbritannien (3) dem amerikanischen Muster (4) folgen, obwohl sie (5) damit (6) nicht übereinstimmen. Vorwürfe (7) über (8) die Brutalität und Taktlosigkeit (9) der Polizei sind an der Tagesordnung (10) und Ausschüsse sind gebildet worden, um Empfehlungen auszuarbeiten (11). Die öffentlichen Schulen (12) sind mit der Aufgabe (13) überfordert (14), Jugendliche zu erziehen (15), die eine fremde Sprache sprechen und in einer anderen Kultur aufgewachsen sind. Mit Ausnahme der Angehörigen der gehobenen Berufe (16), die eingewandert sind, haben Farbige, vor allem westindische Jugendliche, unter einer höheren Arbeitslosigkeit (17) zu leiden (18). Die Gewaltbereitschaft (19) unter den Einwanderern ist auf eine Weise (20) gewachsen, die an den Nationalismus amerikanischer Schwarzer erinnert.

Zum ersten Mal in seiner langen Geschichte erlebt Großbritannien zur Zeit (21), wie eine farbige, in England geborene Bevölkerungsgruppe heranwächst. Diese Jugendlichen kennen keine andere Heimat (22) als Großbritannien. Wird es ihnen besser ergehen (23) als ihren Eltern? Die Erfahrung in Amerika legt nahe (24), dass die Antwort ja ist (25). Die nachfolgenden (26) Generationen werden wahrscheinlich gründlicher (27) angepasst und von den weißen Briten eher akzeptiert. Ihre Eingliederung ist jedoch nicht leicht und der Konflikt zwischen asiatischen und westindischen Eltern und ihren in Großbritannien geborenen (28) Nachkommen (29) ist bereits offensichtlich (30).

(1) Var.: *deuten darauf hin*
(2) Cf. Kap. 9
(3) Var.: *die Rassenbeziehungen in Großbritannien*
(4) Var.: *Beispiel, Vorbild*
(5) Man beachte den Bezug auf British race relations; elliptischer Satz: although (they are) not identical to it. Var.: *ihnen nicht gleichen*
(6) Var.: *damit* (gemeint ist das Muster)
(7) Var.: *Klagen*
(8) Var.: *hinsichtlich, bezüglich*
(9) Var.: Beachte sensitive = *sensibel, empfindsam, einfühlsam* (cf. Kap. 2); Var.: *mangelndes Einfühlungsvermögen*

(10) Var.: *verbreitet, häufig, allgemein üblich*; falsch wäre hier die Übersetzung *gemeinschaftlich, gemeinsam*
(11) Var.: *Vorschläge zu machen / auszuarbeiten*
(12) wörtlich: *öffentlich unterstützte Schulen*, d. h. *mit öffentlichen Mitteln geförderte Schulen*; Var.: *staatliche Schulen*, nicht zu verwechseln mit public schools = Privatschulen in GB
(13) wörtlich: *Herausforderung*
(14) wörtlich: *überwältigt*; man beachte die Übersetzung in der Gegenwart (cf. Kap. 11)
(15) Gerund im Deutschen als Infinitiv zu übersetzen; cf. Kap. 16b
(16) nicht *Berufstätige*; professions = akademische Berufe; Var.: *Mit Ausnahme der Einwanderer mit abgeschlossener Fachausbildung*
(17) Var.: *Arbeitslosenquote*
(18) Var.: *sind Opfer einer, sind die Leidtragenden einer*
(19) Zum Artikel siehe Kap. 9; Var.: *Konfliktbereitschaft, Gewalttätigkeit, Gewaltanwendung*
(20) trend: wörtlich: *Richtung, Tendenz* hier im Deutschen nicht geschickt.
(21) Var.: *zur Zeit*; siehe Kap. 11 zur Übersetzung der progressiven Form
(22) Var.: *Zuhause*
(23) Var.: *Werden sie besser zurechtkommen / Werden sie mehr Erfolg haben …*
(24) Var.: *lässt vermuten, lässt den Schluss zu, lässt darauf schließen*
(25) Var.: *dass dies bejaht werden muss*
(26) successive nicht mit successful = *erfolgreich* verwechseln (cf. Kap. 4)
(27) to be likely to: *wahrscheinlich etw. tun* (cf. Kap. 11); thorough = *gründlich*, more thoroughly = *gründlicher, stärker, besser*
(28) zum erweiterten vorangestellten past participle cf. Kap. 16c
(29) offspring nur im Sg.
(30) Var.: *sichtbar, zeigt sich bereits deutlich, ist bereits klar zu erkennen*

1 Abiturtexte Leistungskurs

Baden-Württemberg Text 1

In den Vereinigten Staaten war die politische Auseinandersetzung über (1) Fragen der Einwanderung schon (2) immer durch lautstarke Forderungen (3) nach Beschränkungen (4) gekennzeichnet. Die leidenschaftlichsten Befürworter (5) dieser Politik sind oft selbst (6) Kinder von Einwanderern, die ihre Vaterlandsliebe (7) als Vertreter der zweiten Generation offen und aggressiv zur Schau stellen (8). Dieser Standpunkt lässt jedoch (9) außer Acht (10), dass in der Tat die harte Arbeit und die Anstrengungen der Einwanderer – oft der Eltern und Großeltern der heutigen Verfechter der Einwanderungsbeschränkungen – einen Großteil des Wohlstandes unseres Landes ermöglichten (11). Selbst den stärksten Fremdenhassern (12) fiel es schwer (13), den Standpunkt zu vertreten (14), dass Gruppen, die um die Jahrhundertwende einwanderten, wie z. B. (15) italienische und polnische Bauern oder die häufig angefeindeten Chinesen und Japaner, auf lange Sicht eine nachteilige Auswirkung auf das Land hatten. Stattdessen werden diese heute erfolgreichen und integrierten (16) Gruppen als Vorbilder dargestellt, aber die Neuankömmlinge lehnt man ab (17). Der Anblick (18) von solchen Amerikanern, die deutliche Merkmale (19) ihrer Abstammung von Einwanderern aufweisen, und zu den lautstärksten Gegnern einer ständig anhaltenden Einwanderung zählen, ist nicht ohne Ironie (20). Wenn man ihren Rat jedoch ernsthaft befolgen würde (21), hätte das bedenkliche Folgen (22). Obwohl es immer notwendig ist, den Zustrom aus dem Ausland zu regeln und zu überwachen (23), würde ein Unterdrücken desselben (24) das Land einer seiner bisher wichtigsten Quellen der Energie, der Erneuerungskraft und des Wachstums berauben (25).

(1) Var.: *Debatte / Diskussion über / hinsichtlich*
(2) ergänzendes Füllwort (cf. Kap. 6)
(3) Var.: *heftiges / lautstarkes Rufen*
(4) Pl. im Deutschen geläufiger
(5) Var.: *glühendsten Verfechter / Anhänger*
(6) Siehe Anm. (2)
(7) Cf. Kap. 1
(8) Var.: *zeigen, an den Tag legen, demonstrieren*

(9) Siehe Anm. (2)

(10) Var.: *Diese Haltung bedenkt / berücksichtigt jedoch nicht / übersieht jedoch*

(11) die Hervorhebung von the labor and efforts of immigrants. durch it was ... that wird im Deutschen besser durch ein Zusatzwort wie *in der Tat, tatsächlich, wirklich* wiedergegeben; die wörtliche Übersetzung, *dass es die harte Arbeit und die Anstrengungen waren, die* ist stilistisch ungeschickt.

(12) Var.: *schärfsten / schlimmsten Ausländerfeinde*

(13) Var.: *hatten ihre Schwierigkeiten, hatten Mühe*

(14) Var.: *ihren Standpunkt geltend zu machen, darzulegen, den Nachweis zu erbringen*

(15) Cf. Kap. 4

(16) Var.: *eingegliederten, etablierten*

(17) Var.: *sich stören an, Anstoß nehmen an*

(18) spectacle: eigentlich *Schauspiel*

(19) Var.: *Kennzeichen*

(20) Var.: *entbehrt nicht der Ironie*; die gesamte Satzkonstruktion könnte auch lauten: *Es liegt eine gewisse Ironie in der Tatsache, dass (gerade solche) Amerikaner, die ... aufweisen, zu den ... zählen.*

(21) Var.: *Sollte man ... ernst nehmen / Beachtung schenken / in Betracht ziehen*

(22) Var.: *bedenklich, hätte das schlimme Folgen, wären die Folgen schwer wiegend*

(23) verbale Formulierung flüssiger als: *Obwohl die Regulierung und Überwachung des Zustroms aus dem Ausland immer notwendig sind*

(24) d. h. *des / dieses Zustroms*; das Gerund suppressing kann man auch mit *wenn man ihn unterdrücken sollte / sollte man ihn unterdrücken* wiedergeben; freier *ein Einwanderungsverbot*

(25) Wörtliche Übersetzung: *würde man / sollte man ihn unterdrücken, das Land dessen berauben / dem Land das nehmen, was bis jetzt eine seiner Hauptquellen an ... gewesen ist.* Um bei der Übersetzung das stilistisch schlechte *was* für of what zu umgehen, muss man das Wort *Quelle* vorziehen: ... *würde ein Unterdrücken dieses Stroms das Land einer seiner wichtigsten Quellen berauben, aus der es bisher Energie, Erneuerungskraft und Wachstum gewonnen hat.*

KEY Lösung KEY Lösung KEY Lösung KEY Lösung

KEY Lösung KEY Lösung KEY Lösung KEY Lösung

Baden-Württemberg Text 2

Europas Ölindustrie hat die erste Runde eines Kampfes (1) mit der Automobilindustrie darüber gewonnen, wer (2) Milliarden (3) von Dollar für teure (4) Maßnahmen (5) bezahlen soll, um die Umwelt zu schützen.
(6) Führenden Wissenschaftlern (7) zufolge (8), die (9) über ein europäisches Forschungsprogramm genau informiert sind (10), beweisen (11) frühe Testergebnisse, dass die Automobilindustrie, und nicht die Ölindustrie, die Hauptlast der Gesetze tragen sollte, die die Verbesserung der Luftqualität (12) zum Ziel haben (13).
Sollte sich dies bestätigen (14), könnten die Ergebnisse den wichtigsten (15) Ölgesellschaften Einsparungen von jeweils (16) bis zu (17) 500 Millionen Dollar bringen, weil die Raffinerien keine Investitionen (18) benötigten, um saubere Kraftstoffe herzustellen. Stattdessen müssten die Pkw- und Lkw-Firmen die Verantwortung dafür übernehmen (19), dass sie die neuen Ziele im Umweltbewusstsein (20) erreichen (21).
Für die Automobil- und Ölindustrie sind die wissenschaftlichen Untersuchungen (22) eine Gelegenheit, den uralten Streit beizulegen, wer für die Verschmutzung in den europäischen Städten verantwortlich ist. Die Automobilindustrie hat behauptet (23), dass die Ölindustrie der Schuldige sei (24), dass sie Kraftstoffe unterschiedlicher Qualität (25) liefere und dass sie schädliche Bestandteile, wie z. B. (26) Schwefel, nicht (27) entferne, welche die Bemühungen vereitelten, die Motoren sauberer zu machen.
Die Ölindustrie hat entgegnet (28), dass Investitionen (29) in die Motorentechnologie ein weitaus wirksameres Mittel (30) zur Verringerung (31) der Schadstoffe seien (32) als gewaltige (33) Investitionen in Raffinerien.

(1) Var.: *Schlacht gegen, im Kampf gegen*
(2) who ist hier indirektes Fragepronomen, nicht Relativpronomen, deshalb *wer*
(3) Beachte one billion = *eine Milliarde* (nicht mehr nur im amerikanischen, sondern auch im heutigen englischen Sprachgebrauch)
(4) Var.: *kostspielige*
(5) measure: hier nicht in der Bedeutung *Maß, Maßstab, Menge*

(6) An Stelle des Infinitivsatzes mit *um zu* bietet sich hier auch die substantivische Formulierung *zum Schutz der Umwelt* an.

(7) Um das unklare und unschöne *Manager* zu vermeiden, wurde hier ein genauerer Ausdruck gesucht; gemeint sind hier *Wissenschaftler*, nicht aber Unternehmer oder Industriekapitäne; Var.: *Forschungsleiter*

(8) Var.: *Nach Meinung von, laut*

(9) verkürzter Relativsatz (d. h. ohne Relativpronomen und Verb); (who are) close to

(10) Var.: *genauere Informationen haben*

(11) Cf. Kap. 3

(12) Die wörtliche Übersetzung mit Infinitivsatz *(um die Luftqualität zu verbessern)* wirkt wegen der verschachtelten Satzkonstruktion etwas holprig.

(13) verkürzter Relativsatz mit Verb im Passiv: which are aimed at, Var.: *die auf ... ausgerichtet sind, die auf ... abzielen, die ... anstreben*

(14) Verkürzte Partizipialkonstruktion Passiv If (this was / were) confirmed *Wenn / Falls dies bestätigt würde* (cf. Kap. 16c); ergänzend sei darauf hingewiesen, dass If confirmed sich auch auf das nachfolgende results beziehen könnte: *Sollten sich diese bestätigen / Wenn sie bestätigt würden, könnten die Ergebnisse ...*

(15) Var.: *nicht weniger als*; cf. Kap. 3

(16) nachgestelltes each = jeweils

(17) Cf. Kap. 4

(18) im Deutschen nur Plural möglich.

(19) Var.: *auf sich nehmen*

(20) Var.: *grünen* (in Anführungszeichen) *Ziele*

(21) Var.: *zu entsprechen, gerecht werden*

(22) ist konkreter auf den Text bezogen als das abstrakte *Forschung*; Var.: *die wissenschaftlichen / Forschungsergebnisse*

(23) Var.: *hat den Standpunkt vertreten, argumentiert*

(24) Var.: *jdm. die Schuld an etwas geben, die Schuld auf jdn. schieben, jdn. verantwortlich machen für etw;* cf. Kap. 3 – *sei*: deutscher Konjunktiv in der indirekten Rede (cf. Kap. 12)

(25) inconsistent: wörtlich: *unbeständig, ungleich, inkonsequent* – standard: wörtlich: *Norm, Maßstab, Güte*

(26) Cf. Kap. 3

(27) to fail to do sth.: *etw. nicht tun*; Var.: *versäumen, etw. zu tun* (cf. Kap. 14)

(28) Var.: *scharf erwidern*
(29) investing: Gerund als Subjekt; Var.: als Nebensatz (cf. Kap. 16b) *dass, wenn man … investiert*
(30) Var.: *Weg, Methode*
(31) Var.: *Senkung, Reduzierung*
(32) Siehe Anm. (23) zur Verwendung des Konjunktivs
(33) Var.: *riesige, ungeheure*

Bayern Text 1

„(1) Die Versuche (2) des kleinen Kindes, mit seinen altersgemäßen (3) Ängsten (4) vor Ungeheuern unter seinem Bett fertig zu werden (5), werden ernsthaft untergraben, wenn das Kind unter dem Bett schlafen muss, um echten Kugeln auszuweichen, oder um zu versuchen, sich vor den gewalttätigen Auseinandersetzungen (6) seiner Erziehungsberechtigten (7) zu schützen (8)." Dies (9) stammt aus einem Artikel, der kürzlich (10) in *The Journal of the American Medical Association* (11) erschien (12) und über eine Untersuchung von Kindern im Grundschulalter in New Orleans berichtete. Und eine Studie (13) im Städtischen Krankenhaus von Boston kam zu dem Ergebnis, dass zehn Prozent der Kinder, die in der Kinderabteilung (14) behandelt wurden, bereits (15) eine Schießerei oder Messerstecherei vor ihrem sechsten Lebensjahr mitansehen mussten (16).
Die jüngsten Patienten des Städtischen Krankenhauses von Boston fragen (17) oft, warum die Erwachsenen in ihrem Leben (18) – Eltern, Lehrer, Polizei – sie nicht schützen (19) können. Ärzte (20) und Sozialarbeiter sehen die Folgen als ein durchaus heilbares (21) Gesundheitsproblem an, wenn Kinder (22) in einem frühen Stadium auf traumatische Weise erfahren, dass die Welt gefährlich und undurchschaubar (23) ist (24). Ein Kind, das früh lernt, die Welt zu fürchten, verliert leicht (25) seine (26) natürliche Neigung (27), die Welt zu erkunden. Solch einem Kind muss man (28) vielleicht erst beibringen, wie (29) man mit Kindern normalerweise spielt, was (30) andere Kinder auf natürliche Weise lernen, wenn sie in einer meist friedlichen Umgebung (31) groß werden (32). Weil wir gerne (25) die Elternrolle so spielen wie unsere Eltern sie uns vorgelebt haben (33), muss man (28) vielen unverheirateten (34) Müttern zeigen – und sie lernen mit rührendem Eifer (35) –, wie man mit Kindern spricht, spielt und liest (36).

(1) Bei der Wiedergabe im Deutschen ist darauf zu achten, dass das Zitat als solches, d. h. mit Anführungsstrichen wiedergegeben wird, da sonst der Text einen anderen Sinn bekommt.
(2) Var.: *Bemühungen*
(3) Var.: *altersbedingten*
(4) Var.: *Angst, Furcht*
(5) Var.: *Herr werden über, unter Kontrolle halten, zurechtkommen mit*
(6) Var.: *Streit, Streitereien, Zank*
(7) his or her: child kann im Englischen männlich oder weiblich sein, je nachdem ob es sich um einen Jungen oder ein Mädchen handelt. Da *Kind* im Deutschen sächlich ist, kann nur eine Übersetzung mit *sein* erfolgen; statt care-giver wird im Englischen auch carer verwendet.
(8) wörtlich: *sich abschirmen*
(9) deutlicher wäre die Übersetzung mit: *Dieser Satz* oder *Dieses Zitat*
(10) Var.: *jüngst, vor kurzem*; eine adjektivische Wiedergabe von recent ist im Textzusammenhang nicht möglich.
(11) Der Titel der amerikanischen Fachzeitschrift kann bei einer Übersetzung beibehalten werden; die Übersetzung wäre „Zeitschrift für den amerikanischen Ärzteverband."
(12) Var.: *veröffentlicht wurde*
(13) Beibehaltung des Fremdwortes *Studie*, da *Untersuchung* bereits vorher verwendet wurde.
(14) Var.: *Kinderstation, Kinderklinik*
(15) Füllwort (cf. Kap. 6)
(16) to witness: Var.: *erleben, Zeuge von etwas sein*
(17) Var.: *stellen oft die Frage*
(18) im Deutschen *Leben* nur im Singular möglich (cf. Kap. 10); Var.: *mit denen sie in ihrem Leben zu tun haben …*
(19) Var.: *Schutz bieten, Sicherheit geben*
(20) nicht zu verwechseln mit physicist: *Physiker* (cf. Kap. 2)
(21) Cf. to treat: *behandeln*
(22) *Kinder:* eingeschobenes Subjekt zur Verdeutlichung der Aussage
(23) Cf. to predict: *vorhersagen, voraussagen*; Var.: *nicht vorhersehbar, unberechenbar*
(24) andere Übersetzung der Satzkonstruktion: *Die Folgen der traumatischen Erfahrung …, dass die Welt … ist, betrachten Ärzte … als heilbares Problem*
(25) to be apt to do sth: *leicht / gerne etwas tun* (cf. Kap. 14)

(26) Siehe Anm. (7)
(27) Var.: *Hang*
(28) zum Gebrauch des Aktivs im Deutschen cf. Kap. 15
(29) englischer Infinitiv zu deutschem Nebensatz (cf. Kap. 16a)
(30) wörtlich: *wie man an einem normalen Spiel teilnimmt, das …*; that ist eigentlich Relativpronomen und play sein Bezugswort.
(31) Im Deutschen ist eine adverbiale Bestimmung des Ortes als Ergänzung stilistisch besser.
(32) elegantere Übersetzung als das wörtliche, aber auch richtige *wenn sie dort aufwachsen, wo Friede herrscht.*
(33) to parent: wahrscheinlich amerikanischen Ursprungs: *die Pflichten / Verantwortung / von Eltern / eines Elternteils übernehmen*; as we are parented: Var.: *wie unsere Eltern es getan haben*
(34) unwed altes poetisches Wort abgeleitet von to wed (past participle wedded, Substantiv: wedding); heutzutage nur in übertragener Bedeutung verwendet: He is wedded to his computer games; Var.: *ledig*
(35) Var.: *und es ist ergreifend zu sehen, dass sie unbedingt dazulernen wollen, und sie sind rührend bemüht, dazuzulernen*
(36) Gerund auflösen zu Nebensatz (cf. Kap. 16b)

3 Literarisches Schwerpunktthema

Beispieltext

Obwohl Eliza sich Higgins' erstaunliche (1) Widerstandskraft (2) ihrem Charme gegenüber, dem Freddy auf den ersten Blick erlag (3), nicht erklären konnte (4), war sie sich instinktiv dessen bewusst (5), dass sie ihn niemals vollständig an sich binden (6) oder sich zwischen ihn und seine Mutter stellen (7) könne (die erste Voraussetzung für eine Ehefrau) (8). Kurzum (9), sie wusste, dass er aus irgendeinem (10) geheimnisvollen Grund nicht für die Ehe geschaffen war (11), so wie sie sich einen Ehemann als jemanden vorstellte (12), dessen Ein und Alles sie war (13). Selbst wenn (14) es keine rivalisierende Mutter (15) gegeben hätte, hätte sie sich immer noch (16) geweigert, ein Interesse an ihrer Person hinzunehmen, das seinen philosophischen Interessensgebieten (17) untergeordnet war (18). Auch (16) wenn (14) Mrs Higgins gestorben wäre, so wären doch Milton und das Universalalphabet immer noch da gewesen. Landors Bemerkung, dass für diejenigen, welche die größte Liebesfähigkeit haben, Liebe nur zweitrangig (19) ist, wäre für Landor in den Augen (20) Elizas keine Empfehlung gewesen (21). Nimmt (22) man dies, zusammen mit ihrer Abneigung (23) gegenüber Higgins' herrschsüchtiger (24) Überlegenheit und mit ihrem Misstrauen gegen seine einschmeichelnde (25) Klugheit, mit der er sie überredete (26) und ihrem Zorn (27) auswich (28), wenn er in seiner ungestümen (29), tyrannischen (30) Art einmal (16) zu weit gegangen war, dann wird man sehen, dass Elizas Instinkt gute Gründe hatte (31), sie vor einer Heirat mit ihrem Pygmalion zu warnen (32).

(Auszug aus dem Zusatztext des Autors zum Fortgang der Handlung)

(1) Var.: *beachtliche, beeindruckende*
(2) powers im Deutschen nur Übersetzung im Singular möglich
(3) to prostrate: wörtlich: *zu Boden werfen, zusammenbrechen lassen,* freiere Variante: *der Freddy … überwältigte*
(4) Var.: *unfähig / nicht in der Lage war / sich außer Stande sah, sich … zu erklären*
(5) *dessen* Füllwort (cf. Kap. 6); so auch in der Variante *war sie sich … darüber im Klaren;* andere Var.: *bemerkte sie …*
(6) Var.: *fesseln (könne), nie vollständig unter ihren Einfluss bringen (könne);* freier: *dass sie ihn niemals ganz für sich allein haben (könne)*
(7) Var.: *schieben, drängen*
(8) Var.: Übersetzung mit relativem Anschluss. Var.: *was für eine Ehefrau vorrangig / das allerwichtigste ist*
(9) Var.: *Kurz und gut, kurz gesagt*
(10) Man beachte, dass some + Singular nicht die Bedeutung *einige*, sondern *irgendein* hat (eg some book: irgendein Buch); cf. Kap. 4
(11) wörtlich: makings: *Voraussetzungen*, to have the makings of: *die Voraussetzungen bieten für, das Zeug haben für*; Var.: *keinen guten Ehemann würde abgeben können*
(12) auch wörtlich möglich: *entsprechend ihrer Vorstellung von einem Ehemann*
(13) freiere Varianten: *dessen Liebe nur sie allein besäße, der ihr ganz gehörte*; engere Übersetzung: *dem sie die nächste / engste und liebste und vertrauteste Bezugsperson war*
(14) ausgelassenes if und Inversion: Even if there had been no… Var.: im Deutschen ohne *wenn: Hätte es auch keine … gegeben*

KEY Lösung KEY Lösung KEY Lösung KEY Lösung

(15) stilistisch besser als das wörtliche: *Mutter als Rivalin dagewesen wäre*

(16) Füllwort cf. Kap. 6

(17) auch einfach *Interessen* (cf. Kap. 10)

(18) of secondary importance: von untergeordneter Bedeutung; Var.: *zweitrangig … war, an zweiter Stelle stand*; letzter Teil der Satzkonstruktion freier: *hätte sie sich geweigert, den zweiten Platz hinter seinen philosophischen Interessen einzunehmen*

(19) Var.: s. o. *nur eine untergeordnete Sache ist*

(20) Var.: *bei, für*

(21) Var.: *hätte nicht für ihn / zu seinen Gunsten gesprochen*

(22) Var.: *dazuzählen, hinzufügen, dazurechnen*; Konstruktion wörtlich: Imperativ + Hauptsatz (*Zählen Sie dies zu … und Sie werden sehen*); eine flüssigere freiere Konstruktion wäre: *Dies zusammen mit ihrer Abneigung … und ihrem Misstrauen … lassen erkennen, dass …*

(23) Var.: *Ärger, Groll, Widerwillen*

(24) Var.: *herrisch*

(25) to coax: wörtlich: *überreden, gut zureden, jdn. beschwatzen*

(26) Var.: *mit der er sie herumkriegte*

(27) Var.: *Wut*

(28) Var.: *sich … entzog, entging*

(29) Var.: *impulsiven*

(30) to bully sb: *jmd. drangsalieren, schikanieren, tyrannisieren*

(31) Var.: *einen guten Grund / Recht hatte*

(32) zur Übersetzung des Gerund for warning cf. Kap. 16b; beachten Sie to warn sb **not** to do sth: *jdn. davor warnen, etwas zu tun*; wörtliche Variante: *sie davor zu warnen, ihren Pygmalion zu heiraten*

Lösung zur Einleitung Seite 6

Original

Dear Gordon,
How are you? At the moment I am a bit under the weather, but it will not last long. On the other hand it could be the other way round. It would be nice to be healthy once in a blue moon. What is the weather like at your place? Here it is raining cats and dogs … You think that I am probably nuts. No, I'm not pulling your leg … Oh, I've just had a brainwave out of the blue … Love (Ian)

Übersetzung

Lieber Gordon,
Wie geht es Dir? Im Augenblick bin ich gesundheitlich etwas angeschlagen, aber es wird nicht lange dauern. Andererseits könnte es auch umgekehrt sein. Es wäre schön, ein einziges Mal gesund zu sein. Wie ist das Wetter bei Euch? Hier gießt es in Strömen … Du glaubst, dass ich wahrscheinlich spinne. Nein, ich ziehe Dich nicht auf … Oh, ich habe gerade einen Geistesblitz aus heiterem Himmel … Herzliche Grüße (Ian)